LE MARKETING
GUERRIER

manager

Collection dirigée par Raymond-Alain Thiétart

AL RIES   JACK TROUT

LE MARKETING
GUERRIER

Traduction française

Alain Goldman

McGRAW-HILL

Auckland — Bogota — Hambourg — Lisbonne — Londres
Madrid — Mexico — Montréal — New Delhi — New York
Panama — Paris — San Juan — São Paulo — Singapour
Sydney — Tokyo — Toronto

Des mêmes auteurs

A. Ries et J. Trout, *Le positionnement. La conquête de l'esprit,* Paris, McGraw-Hill, 1987.

Maquette de couverture : Françoise Rojare

Le marketing guerrier est traduit de **Marketing warfare**

© 1986 by McGraw-Hill, Inc. pour l'édition américaine.

© 1988 by McGraw-Hill, Paris pour l'édition française.

ISBN : 2-7042-1168-X
(Édition originale : 0-07-052730-X McGraw-Hill, New York).

McGraw-Hill - 28, rue Beaunier - 75014 Paris

Table des matières

EXCELLENT.

Introduction

Le marketing est une guerre

La guerre relève de la concurrence commerciale,
qui est aussi un conflit d'activités et d'intérêts humains.
Karl von Clausewitz

Le meilleur livre de marketing n'a pas été écrit par un professeur de Harvard, ni par un cadre de General Motors, de General Electric, ou même de Procter & Gamble.

A notre avis, l'auteur du meilleur ouvrage de marketing fut un général prussien retraité nommé Karl von Clausewitz. Son traité, intitulé *De la guerre,* date de 1832 et décrit les principes stratégiques qui président à la conduite de toutes les guerres victorieuses.

Clausewitz fut le grand philosophe de la guerre. Sa pensée et ses concepts demeurent valables depuis plus de cent cinquante ans. Encore de nos jours *De la guerre* est souvent cité à West Point, Sandhurst et Saint-Cyr.

La guerre a changé de manière spectaculaire depuis la première publication de *De la guerre*. Des tanks, avions, mitrailleuses et une multitude de nouvelles armes ont fait leur apparition. Malgré cela, la pensée de Clausewitz est, à l'heure actuelle, toujours aussi pertinente qu'au 19e siècle.

Les armes utilisées peuvent être différentes, mais la guerre proprement dite, ainsi que Clausewitz fut le premier à le reconnaître, est fondée sur deux caractéristiques immuables, à savoir la stratégie et la tactique. Son exposé, d'une clarté remarquable, des principes stratégiques de la guerre, servira vraisemblablement de guide aux chefs militaires jusqu'au 21e siècle et bien au-delà.

Le marketing a besoin d'une nouvelle philosophie

D'après la définition classique du marketing, cette discipline est consacrée aux moyens mis en jeu pour satisfaire les besoins et les désirs des consommateurs.

Le marketing est «une activité humaine dont le but est de satisfaire les besoins et les désirs des consommateurs grâce à des procédés d'échanges», déclare Philip Kotler.

Selon l'Association Américaine de Marketing, cette discipline est «un ensemble d'activités commerciales exercées afin de contrôler l'écoulement des biens et des services, du producteur au consommateur».

Le marketing est «un ensemble d'activités exercées afin de parvenir à la réalisation des objectifs d'une société, grâce à l'anticipation des besoins du client et au contrôle de l'écoulement des biens et des services aptes à le satisfaire, du producteur au consommateur ou au client», déclare E. Jerome McCarthy de l'Université de l'Etat du Michigan.

NOTE. L'explication la plus complète de la théorie des «besoins et des désirs» a probablement été fournie par John A. Howard de l'Université de Columbia. D'après sa définition, datant de 1973, le marketing consiste à : «(1) identifier les besoins du client, (2) conceptualiser ces besoins par rapport à la capacité de production d'une entreprise, (3) communiquer cette conceptualisation à la structure du pouvoir dans l'entreprise, (4) conceptualiser la production qui en résulte par rapport aux besoins du client précédemment identifiés, et (5) communiquer cette conceptualisation au client».

Dès lors, la réussite en marketing passe-t-elle de nos jours par ces cinq phases ? L'identification, la conceptualisation et la communication permettraient-elles d'aider American Motors à concurrencer avec succès

General Motors, Ford et Chrysler, sans parler de Toyota, Datsun, Honda et toutes les autres firmes importatrices ?

Imaginons qu'American Motors mette au point une stratégie de produits fondée sur l'identification des besoins de la clientèle. Elle aboutirait à la constitution d'une ligne de produits identiques à ceux de la société General Motors, qui dépense des millions de dollars pour la prospection du même marché pour identifier ces mêmes besoins.

Est-ce cela le marketing ? La victoire appartient-elle à celui qui effectue la meilleure étude de marché ?

Il y a là de toute évidence quelque chose d'anormal. Lorsque American Motors ne tient pas compte des besoins du consommateur, elle réussit bien mieux. La Jeep, produit emprunté aux militaires, est une réussite, alors que les voitures de tourisme construites par American Motors sont des échecs.

Aucun groupe de personnes interrogés n'aurait probablement évoqué la Jeep. De même, ce n'est vraisemblablement pas en identifiant les besoins de la clientèle qu'un concurrent malchanceux peut combattre un vainqueur.

Etre à l'écoute du client

Par tradition, les gens de marketing sont à l'écoute du client. Ils ont toujours prévenu les managers qu'il fallait avoir une politique orientée vers le client plutôt que vers la production.

Le Client Roi règne sur le monde du marketing depuis la seconde guerre mondiale.

Mais, depuis un certain temps, il semblerait que le Client Roi soit mort et que les gens de marketing ne vendent qu'un corps inerte aux principaux dirigeants.

Les sociétés qui ont sagement suivi les directives de leurs spécialistes de marketing ont englouti des millions de dollars dans de vaillants mais désastreux efforts visant à toucher la clientèle.

Pour comprendre comment on en est arrivé à cette fâcheuse situation, il faut revenir aux années vingt, à l'époque où les milieux d'affaires étaient tournés vers la production. C'était pendant les jours de gloire d'Henry Ford, alias «Vous-avez-le-choix-entre-n'importe-quelle-couleur-pourvu-que-ce-soit-noir».

C'est au cours de l'ère de la production que les milieux d'affaires découvrirent la publicité. «La publicité de masse crée une demande massive qui permet une production massive», déclarèrent les spécialistes de la publicité.

Après la seconde guerre mondiale, les sociétés leaders se tournèrent vers la clientèle. Le spécialiste de marketing avait le pouvoir, secondé par le chargé d'études de marché.

Mais aujourd'hui, toutes les entreprises sont tournées vers la clientèle. Le fait de connaître les besoins de cette dernière n'est pas d'une grande utilité si des dizaines d'autres entreprises lui apportent déjà satisfaction pour des besoins identiques. Ce n'est pas le client qui préoccupe American Motors, mais plutôt General Motors, Ford, Chrysler et les firmes importatrices.

Etre à l'écoute des concurrents

De nos jours, une société qui veut réussir doit être à l'écoute de la concurrence. Elle doit rechercher les points faibles des positions de ses concurrents, puis lancer des attaques de marketing contre ces points faibles. De nombreux succès remportés récemment illustrent cette donnée.

Par exemple, Digital Equipment Corporation gagnait des millions de dollars en exploitant la faiblesse d'IBM dans le domaine des mini-ordinateurs, pendant que d'autres sociétés d'informatique perdaient des fortunes.

De même, Savin réussit à établir une tête de pont dans le domaine des petits photocopieurs bon marché, point faible de la ligne Xerox.

Et Pepsi profita du goût plus sucré de ses boissons pour défier Coke sur le marché hautement concurrentiel des colas. Parallèlement, Burger King marqua des points par rapport à McDonald's grâce à son attaque dite du «cuit sur le gril et non pas frit».

D'aucuns diront qu'un plan de marketing mûrement élaboré comprend toujours une partie consacrée à la concurrence, et cela est vrai. Cette partie, intitulée «L'évaluation de la concurrence», se trouve généralement reléguée au second plan. La partie principale du plan est la plupart du temps consacrée à la description du marché, à ses divers segments, et à une multitude de statistiques concernant la clientèle soigneusement recueillies à partir d'une infinité de groupes témoins, de panels-tests, de concepts-tests et marchés-tests.

Le plan de marketing de l'avenir NOTE.

Dans le plan de marketing de l'avenir, de nombreuses pages supplémentaires seront consacrées à la concurrence. Ce plan procédera à une dissection minutieuse des firmes présentes sur le marché. Il dressera une liste des faiblesses et des points forts des concurrents, ainsi qu'un plan d'action pour soit les exploiter soit se défendre contre eux.

Peut-être un jour ce plan comportera-t-il le dossier des principaux responsables de marketing des concurrents, comprenant la description de leurs tactiques et types d'opérations favorites (un peu comme les documents concernant les chefs alliés que les Allemands conservaient pendant la seconde guerre mondiale).

Qu'est-ce que cela signifie pour les futurs responsables de marketing ? NOTE

Qu'ils doivent être prêts à mener une guerre de marketing. Pour réussir les campagnes de marketing, il faudra de plus en plus les préparer comme des campagnes militaires.

La planification stratégique deviendra de plus en plus prépondérante. Les entreprises devront apprendre à *attaquer* et à lancer des *attaques de flanc* contre leurs concurrents, à *défendre* leurs positions, ainsi que la manière et le moment propice pour faire la *guérilla*. Elles auront besoin de meilleurs renseignements sur la manière d'anticiper les mouvements de leurs concurrents.

Pour réussir, les gens du marketing devront, sur un plan personnel, faire preuve de qualités comparables à celles d'un général militaire : courage, loyauté et persévérance.

Et si Clausewitz avait raison ?

Et si le marketing était une véritable guerre où l'ennemi est le concurrent et l'objectif la victoire ?

Est-ce chicaner sur les détails ? Pas vraiment. Comparons le football au métier du marketing.

L'équipe de football qui marque le plus de points gagne le match. L'équipe de marketing qui réalise le plus de ventes gagne la partie. Jusque-là la comparaison tient debout.

Mais essayez de jouer au football de la manière dont on joue une partie de marketing.

Introduisons un directeur de marketing dans une partie de football et observons comment il ou elle définit la ligne de but ainsi que le lieu permettant de marquer des points, c'est-à-dire de réaliser des ventes. Puis, observons de quelle manière le directeur de marketing aligne l'équipe et se dirige droit vers la ligne de but avec la balle.

Inutile d'être un sportif chevronné pour savoir que l'approche directe en football vous mène irrémédiablement au désastre.

Au football, on gagne en déjouant les intentions de ses adversaires, en les prenant à revers et en les dominant. Les points inscrits sur le panneau d'affichage ne sont que le reflet de votre aptitude à réaliser tout cela.

● A la guerre, on gagne en déjouant les intentions de l'ennemi, en le prenant à revers et en le dominant. Le territoire que vous prenez n'est que le reflet de votre aptitude à réaliser tout cela.

Pourquoi le marketing serait-il différent ?

Pourquoi les centaines de définitions du concept de marketing ne mentionnent-elles presque jamais le mot *concurrence* ? Pourquoi n'évoquent-elles pas la nature essentielle du conflit ?

La nature véritable du marketing contemporain suppose implicitement un conflit entre firmes, et non pas la satisfaction des besoins et des désirs humains.

Si ces besoins et désirs sont finalement comblés pendant la concurrence commerciale, le public a alors intérêt à laisser la concurrence se poursuivre. Mais n'oublions pas en quoi consiste la nature essentielle du marketing.

Pour la défense du marketing guerrier

On pourrait formuler des objections quant à l'application directe des principes militaires au marketing. La guerre est suffisamment horrible, on le sait, pour ne pas en rajouter en temps de paix.

Et tout adversaire du système de la libre entreprise est probablement aussi opposé à l'application des principes du marketing guerrier par les participants à ce système.

Même les participants du système de la libre entreprise pourraient penser que le marketing guerrier dépasse les limites. Si c'est votre cas, observez s'il vous plaît les résultats qu'implique l'analogie de la guerre plutôt que l'analogie elle-même.

Une étude de l'histoire du commerce américain des dix dernières années fait apparaître qu'un grand nombre de pertes financières impressionnantes enregistrées par des sociétés telles que RCA, Xerox, Western Union et autres auraient pu être évitées si l'on avait appliqué les principes de la guerre. L'étude de la guerre ne se limite pas à celle de la manière d'être vainqueur. Il est tout aussi important de savoir comment ne pas perdre.

L'économie américaine a plus à craindre de l'agression démesurée et irréfléchie des firmes que de la concurrence professionnelle des gladiateurs du marketing dans l'art de la guerre.

La libre entreprise, c'est la guerre du marketing. Pour participer au jeu de la libre entreprise, il est logique de commencer par l'étude des principes.

Chapitre 1

2 500 années de guerre

Si le marketing est une guerre, essayons d'en tirer le meilleur parti. Commençons par étudier l'histoire de la guerre proprement dite. C'est un domaine très vaste.

Selon Will et Ariel Durant, sur les 3 438 dernières années, il n'y en a eu que 268 sans guerre. Parmi les plus anciens récits historiques connus figurent de nombreuses campagnes et batailles militaires victorieuses.

Avant la naissance de Jésus-Christ, des armées professionnelles dirigées par des militaires de carrière se rencontraient sur des champs de bataille partout à travers le monde. Les principes de stratégie militaire ont pu être affinés et perfectionnés grâce à l'enseignement laissé par les innombrables affrontements entre armées adverses.

Marathon : 490 avant J.-C.

A Marathon, 15 000 Perses, originaires de la région actuellement appelée l'Iran, débarquent dans la baie de Marathon, au nord-est d'Athènes, où ils affrontent 11 000 Athéniens. Numériquement plus faibles, les Grecs bénéficient d'un grand avantage, à savoir la phalange. Chaque soldat grec tient son bouclier de manière à recouvrir celui de son voisin, en protégeant la moitié de lui-même et la moitié de l'homme qui se trouve à sa gauche.

Face à la phalange, les Perses, habitués aux combats singuliers, ne sont pas à la hauteur. Six mille Perses sont tués contre seulement 200 Athéniens dans cette version antique du conflit Hertz-Avis.

C'est à Marathon que fut instaurée la tactique militaire de l'action de concert et de la concentration des forces.

Bien entendu, de nos jours, nous nous souvenons de cet événement en raison de l'exploit héroïque de Pheidippides, le soldat qui courut 35 km jusqu'à Athènes pour annoncer : «Réjouissez-vous ! Nous sommes les vainqueurs !», avant de tomber mort d'épuisement.

De nos jours, nos coureurs de marathon doivent parcourir une distance de 42 km. Mais ils n'ont pas à se battre contre les Perses avant de commencer la course.

Arbèles : 331 avant J.-C.

L'ascension d'Alexandre le Grand a lieu cent cinquante ans après ces événements. Ce Thomas Watson de l'Antiquité est élève d'Aristote et lecteur d'Homère. Il est à la fois brave et prudent.

Après avoir remporté des victoires sur le Danube, Alexandre retourne avec précipitation dans son pays où ont lieu des troubles fomentés par les Perses placés sous le commandement de Darius. Celui-ci avait engagé Démosthène, l'un des premiers agents de publicité, pour une somme de 300 talents, en le chargeant de répandre de fausses nouvelles selon lesquelles l'armée d'Alexandre aurait été anéantie.

Après des années de manœuvres, la confrontation décisive a lieu à Arbèles en 331 avant J.-C. Les documents relatifs à la plupart des batailles militaires sont d'un qualité si remarquable que, de nos jours, plus de 2 300 ans après le déroulement de ces événements, nous connaissons encore la répartition des forces des deux armées. (On peut se demander si l'un quelconque des plans de marketing de Procter & Gamble survivra jusqu'au 43e siècle…).

Darius dispose ses forces de manière conventionnelle, en plaçant quinze éléphants et deux cents chariots en première ligne. Alexandre est plus créatif. Il doit son succès à l'utilisation de la cavalerie sur les deux flancs. Cette formation de combat est, d'une manière ou d'une autre, encore utilisée de nos jours, soit 2 000 ans après. La bataille commence par une attaque du flanc droit par les soldats d'Alexandre conduits par la cavalerie. La manœuvre avait pour but d'encourager les Perses à attaquer le flanc gauche de l'armée d'Alexandre; c'est alors que celui-ci fait pivoter sa cavalerie mobile derrière son point central pour faire une percée à droite à travers les troupes perses.

Alexandre remporte sa plus grande victoire et devient en quelque sorte roi des rois grâce à l'utilisation d'une stratégie qu'un théoricien militaire du 20e siècle, B.H. Liddell Hart, qualifierait de «théorie de l'approche indirecte».

Pour remporter une victoire, déclare Liddell Hart, une armée doit manœuvrer selon «la tactique de l'effet de surprise maximale».

Métaure : 207 avant J.-C.

La puissance militaire rendue célèbre ensuite fut Rome. Les Romains prouvent l'efficacité de leur force de combat lors d'une bataille qui se déroule, en 207 avant J.-C., sur les berges du fleuve Métaure.

Les armées carthaginoises, originaires de la région connue actuellement sous le nom de Tripoli, ravagent l'Italie. Dirigés par les deux frères «H» (Hannibal au sud et Hasdrubal au nord), les Carthaginois emploient des éléphants pour conduire la charge, moyen précurseur de la guerre des blindés du 20e siècle.

Mais les frères «H» commettent une erreur en divisant leurs forces, et le général Néron leur enseigne le principe militaire classique du *maintien des forces concentrées en une masse écrasante*.

Néron commence par se mettre en marche vers le sud, en direction d'Hannibal, mais, à la tombée de la nuit, il change de direction et se dirige vers le nord. Après avoir accompli l'une des marches forcées les plus difficiles de l'histoire, Néron rejoint les généraux romains Porcius et Livius, qui se trouvent face à Hasdrubal, frère d'Hannibal.

La bataille proprement dite n'est qu'une reprise de celle d'Arbèles. Néron encercle Hasdrubal en faisant passer ses troupes du flanc droit au flanc gauche. Le succès que lui vaut cette charge n'a d'égal que son caractère imprévisible. Et c'est ainsi que Néron remporte une victoire presque sans pareille dans les annales militaires.

Mais les chroniqueurs ont une prédilection pour les vaincus, et non pas pour les vainqueurs, de sorte que de nos jours, lorsque nous pensons à Néron, le personnage qui nous vient immédiatement à l'esprit est celui de l'empereur Néron, dont la réputation est entachée de méfaits, et qui régna 250 ans plus tard.

Même Hannibal et ses éléphants sont plus célèbres que Néron. Dans notre métier on dirait : «Les vainqueurs racontent des blagues grosses comme des éléphants, alors que les vaincus tiennent des conférences de presse».

Hastings : 1066

Faisons un saut d'un millier d'années à travers le temps jusqu'à la petite ville d'Hastings qui permet aux Normands, placés sous le commandement de William (connu ultérieurement sous le nom de Guillaume le Conquérant), de changer le cours de l'histoire. Face aux Normands, se trouvent les troupes saxonnes du roi Harold.

Hastings, à l'instar de toutes les batailles, tant militaires que de marketing, n'est qu'une série de petites victoires et défaites pour les deux camps. Puis Guillaume prend une initiative décisive. En effet, il décide que l'offensive lancée par les Normands n'a d'autre objectif que l'anéantissement du grand chevalier Harold en personne.

Ainsi Guillaume donne l'ordre à vingt chevaliers normands de faire une percée à travers les lignes saxonnes et de s'emparer d'Harold. (De nos jours, nous enverrions vingt avocats armés de contrats de cinq ans.) Quatre chevaliers normands réussissent la mission qui leur est assignée et exécutent le pauvre Harold.

Guillaume avait donc raison. Lorsque les Saxons se rendent compte que leur roi a péri, leur défense s'effondre et Guillaume remporte la victoire.

Crécy : 1346

Mais la guerre est comme le commerce : il n'y a pas qu'un côté de la médaille. En 1346, à la bataille de Crécy, Anglais et Français s'affrontent.

Edouard III est victorieux grâce à l'utilisation de l'arc anglais, progrès technologique comparable à la percée d'un nouveau produit dans une guerre de marketing. L'arc anglais, qui est en quelque sorte la mitrailleuse du 14e siècle, permet pour la première fois à l'infanterie et aux archers de résister à la cavalerie montée (du genre de celle qui s'est débarrassée du pauvre Harold).

Mais pour pouvoir utiliser l'arc anglais, qui possède une rapidité de tir six fois supérieure à une arbalète, il faut une certaine aptitude et de l'entraînement. On doit s'exercer pendant six ans pour devenir un archer qualifié, tirant 45 kg à 180 mètres.

C'est la raison pour laquelle jadis en Angleterre l'entraînement au tir à l'arc était obligatoire le dimanche, alors que l'on n'était pas obligé d'aller à l'église. (Soixante-neuf ans plus tard, à la bataille d'Azincourt, qui se déroula en 1415, les Français n'avaient pas encore appris leur leçon. Au cours de cet affrontement, 5 500 soldats anglais infligèrent une défaite à 20 000 Français. Ainsi, une fois encore, la cavalerie montée n'était pas de taille à lutter contre des archers anglais.)

Et dans la guerre du marketing peut-on envisager d'attaquer un concurrent plus puissant de front ?

Oui, mais il vous faut un arc anglais, tel que la photocopie dans le cas de la Société Haloid, ou l'appareil photo Land dans le cas de Polaroid.

Québec : 1759

A Québec, en 1759, les Français sont à nouveau pris de court. Les Anglais sont placés sous le commandement de James Wolfe qui a opté pour «la tactique de l'effet de surprise maximale». L'infanterie longe la rivière située derrière Québec, puis escalade les falaises «impossibles à franchir» jusqu'aux plaines d'Abraham.

La «meilleure» approche dans la guerre du marketing, comme dans une guerre militaire, n'est pas nécessairement celle qui est la plus directe. Demandez-vous quelle approche serait fort vraisemblablement de nature à ébranler les positions du concurrent.

Malheureusement, James Wolfe n'a pas vécu suffisamment longtemps pour pouvoir récolter les fruits de sa célèbre victoire. Ce qui fut d'ailleurs aussi le cas de son adversaire, le marquis Louis Joseph de Montcalm. Ceci pour nous rappeler que dans une guerre militaire ou de marketing il y a toujours des victimes.

Dans les deux camps.

Bunker Hill : 1775

Seize années plus tard, la guerre se déroule un peu plus au sud. A Bunker Hill, à côté de Boston, a lieu la bataille la plus célèbre de l'histoire révolutionnaire américaine.

C'est une triste constatation, mais il faut admettre qu'en matière de connaissances de l'histoire militaire, l'Américain moyen est incapable de répondre aux questions suivantes : (1) sur quelle colline a eu lieu la bataille de Bunker Hill et (2) qui a remporté la victoire ?

Dans les tranchées en haut de Breed's Hill, à une certaine distance de Bunker Hill, se cachent un millier d'Américains placés sous le commandement de William Prescott, alias «Ne-tirez-que-lorsque-vous-pourrez-les-regarder-dans-le-blanc-des-yeux». A trois heures de l'après-midi, 3 000 soldats britanniques, commandés par le général William Howe, gravissent la colline. Les Américains n'ouvrent le feu qu'au moment où les soldats anglais arrivent à une distance de 45 mètres.

C'est un carnage. A l'instar de toute attaque frontale menée contre un ennemi bien dissimulé. Les Britanniques perdent un nombre effroyable d'hommes. On dénombre plus d'un millier de victimes parmi les 3 000 hommes engagés.

Et qui remporte la victoire ? Les Britanniques, bien sûr. En nombre inférieur — un Américain pour trois Britanniques — les Américains sont finalement écrasés.

Trenton : 1776

Tout le monde, n'est-ce pas, a bien évidemment entendu parler de la bataille de Trenton qui se déroula en 1776, et de la manière dont George Washington traversa le Delaware la nuit de Noël pour vaincre l'armée de mercenaires hessois, plus puissante que la sienne.

En fait, c'est faux, car les troupes de Washington sont numériquement supérieures à celles des mercenaires (2 000 contre 1 500). Mais c'est l'effet de surprise ajouté à la supériorité numérique qui a conduit à la victoire ce jour-là, ou plutôt cette nuit-là.

De même en marketing, il ne faut jamais sous-estimer ce que Clausewitz appelle le principe de la force. En général, ce sont les armées les plus nombreuses qui sont victorieuses. «Dieu est du côté des grands bataillons», déclara Napoléon Bonaparte.

Austerlitz : 1805

Mais en 1805, à la bataille d'Austerlitz, probablement la plus grande victoire napoléonienne, l'Empereur ne dirige pas de grands bataillons.

En revanche, il dispose d'une grande marge de manœuvre. Il incite l'alliance austro-russe à attaquer son flanc droit. Puis il manœuvre son flanc gauche de manière à frapper l'axe central de l'ennemi affaibli.

Il en résulte une victoire quasi totale. La clé du succès de Napoléon réside dans la rapidité de mouvement. Selon lui ses troupes sont capables de marcher deux fois plus vite que celles de l'ennemi. «Il peut m'arriver de perdre une bataille, mais je ne perdrai jamais une minute», a déclaré Napoléon. Et qu'en est-il du marketing ? Songez combien de minutes, heures, jours, voire même semaines l'on perd à planifier, effectuer des recherches ou tester des marchés ! Quel gaspillage de temps précieux ! Résultat : nous devons baisser les armes, déchiquetés par les requins victorieux.

(En 1812, lors de la bataille de Borodino, Napoléon oublia les leçons d'Austerlitz. Il ne tint pas compte du conseil que lui avaient donné ses aides de camp, et lança ses troupes d'élite dans une offensive frontale contre les Russes au cours de laquelle trente mille soldats français moururent, l'ennemi ayant fondu dans la neige, scène qui se répéta plus d'un siècle plus tard pour les troupes d'Adolf Hitler.)

Waterloo : 1815

C'est trois ans plus tard que se termine l'épopée napoléonienne, dans le village belge de Waterloo, où Arthur Wellesley, duc de Wellington, empêche Napoléon de retrouver la gloire.

En fait, à Waterloo, Napoléon bénéficie d'un léger avantage numérique : il oppose 74 000 hommes aux 67 000 soldats de Wellington. Mais Napoléon est en position offensive, et Wellington peut se permettre d'attendre. Napoléon sait qu'il doit attaquer avant que les Prussiens ne parviennent à envoyer des renforts au général anglais et à ses alliés.

Le deuxième principe de guerre de Clausewitz est celui de la supériorité de la défense. Une position défensive bien établie constitue un bastion extrêmement solide et difficilement franchissable.

(Ainsi, selon nos prévisions pour cette année, la marque de voiture la plus vendue sera Chevrolet, celle du dentifrice sera Crest, et McDonald's sera la société de restauration rapide la plus importante, et ceci quelles que soient les mesures prises ou encore les sommes dépensées par leurs concurrents.)

A sept heures et demie du soir, alors que les ténèbres de la journée du 18 juin 1815 s'épaississent autour de lui, Napoléon, dans un dernier acte audacieux, donne l'ordre à dix bataillons de sa Garde Impériale de lancer une offensive frontale contre l'axe central britannique. *«De l'audace et toujours de l'audace !»**

«Bonaparte engagea ses dernières réserves, écrit Clausewitz, afin de changer le cours d'une bataille dont l'issue était déjà décidée. Il dépensa jusqu'à son dernier sou, et il dut abandonner ensuite et le champ de bataille et sa couronne comme un mendiant.»

Qu'est-ce que Napoléon à Waterloo peut évoquer pour la société American Motors de Detroit ?

Doit-elle abandonner le secteur des voitures de tourisme pendant qu'elle peut encore se replier sur son secteur rentable des Jeeps ?

«La capitulation n'est pas une disgrâce, dit Clausewitz. Un général ne doit pas nourrir l'idée du combat jusqu'au dernier homme; pas plus qu'un bon joueur d'échecs ne jouerait une partie qu'il aurait manifestement perdue».

Balaklava : 1854

A Balaklava, les Anglais commandés par Lord Raglan affrontent les Russes commandés par... qui se souvient de son nom ? N'oubliez pas que les vainqueurs sont anonymes. (Qui est le PDG de General Motors ? Ou celui de Procter & Gamble ?)

C'est au cours de la bataille de Balaklava que se produisent l'offensive la plus célèbre et l'offensive la plus efficace de tous les temps.

L'offensive la plus célèbre, la «Charge de la Brigade Légère», se termine par un désastre. Lord Cardigan conduit sa célèbre troupe de 600 hommes jusqu'à la pointe des fusils d'une armée plus puissante, avant d'être instantanément anéantie en subissant d'énormes pertes.

Quant à l'offensive la plus efficace, la «Charge de la Brigade Lourde», celle-ci avait eu lieu le matin même. La Brigade Légère n'exploita pas le succès de la Brigade Lourde, qui avait incité Raglan (la manche) à ordonner à Cardigan (le gilet) de passer à l'action. L'ordre fut mal interprété, et les résultats furent catastrophiques.

---

* En français dans le texte.

Gettysburg : 1863

L'Histoire est un éternel recommencement. Seuls les noms changent. A Gettysburg, en 1863, c'est Robert E. Lee contre...

Eh bien, vous souvenez-vous du général qui remporta la bataille ? Non, ce n'est pas Ulysse S. Grant.

C'est George G. Meade, encore un vainqueur anonyme parmi tant d'autres.

Des centaines de livres ont été écrits sur cette bataille décisive de la Guerre Civile. Que se serait-il passé si Lee avait fait avancer ses troupes plus tôt ? Et si Pickett avait retardé son offensive ? Cependant, observons les chiffres. Lee dispose de 75 000 hommes, alors que Meade en a 88 000.

Dans ces conditions, il est inutile de lire tous ces livres pour comprendre pourquoi les vainqueurs sont les Nordistes et les vaincus les Sudistes. Vous auriez pu le savoir grâce au premier principe de la guerre.

Le principe de la force constitue «l'idée fondamentale vers laquelle il faut toujours tendre de manière prioritaire et le plus loin possible, déclare Clausewitz. Il faut masser le plus grand nombre possible de troupes au point décisif de l'engagement.»

En étudiant toutes les batailles militaires de l'histoire, Clausewitz découvre qu'il y en a seulement deux où la victoire est remportée par le camp numériquement inférieur à raison de un soldat pour plus de deux. Dans la majorité des cas, ce sont les armées les plus nombreuses qui remportent les victoires.

C'est la différence de 13 000 hommes entre le Nord et le Sud qui fait que les Américains ont le «Dixie» comme chant national, et non le «Star Spangled Banner» .

La Somme : 1916

La «der des ders» commence par le lancement d'une arme entièrement nouvelle : la mitrailleuse. Une fois de plus, un progrès technique provoque le renforcement du camp de la défense (tout comme la télévision dans l'arène du marketing des années cinquante et soixante).

Nulle part ailleurs cette constatation ne s'impose mieux que le long de la Somme en 1916. Le 1er juillet, après une préparation d'une semaine de l'artillerie, les troupes anglaises et françaises sortent de leurs tranchées et avancent sur un large front, pour rencontrer seulement le feu des mitrailleuses allemandes.

Le bilan des blessés dans le camp des Alliés, pour ce premier jour uniquement, s'élève à 50 000. Et la guerrre se poursuit pendant cent quarante jours. C'est un massacre d'une ampleur jamais vue et jamais égalée.

Et que rapporte la boue ensanglantée de la Somme ? Huit kilomètres de terrain...

(L'année suivante, à Cambrai, les Britanniques inaugurent le char d'assaut, progrès technique dont on évaluera l'importance seulement une vingtaine d'années plus tard. Le premier jour où des chars entrent en action, ils parcourent jusqu'à huit kilomètres, c'est-à-dire la distance totale couverte par l'infanterie lors de la totalité de ses manœuvres sur la Somme. Malheureusement, cette acquisition n'est pas consolidée par l'infanterie, et les Britanniques perdent ce territoire aussi rapidement qu'ils l'ont gagné.)

Sedan : 1940

Vos concurrents savent souvent mieux que vos amis apprécier la valeur de ce que vous faites. Ce que les Britanniques ont expérimenté sur le marché-test de Cambrai en 1917, joue un rôle majeur à Sedan, en 1940, dans la forêt des Ardennes.

Au cours de cette bataille classique des temps modernes, les panzer-divisions de Von Rundstedt attaquent le faible point de jonction de la défense des armées alliées, entre la Ligne Maginot au sud et les Forces Expéditionnaires Britanniques au nord.

«Impossible de manœuvrer des chars dans les Ardennes», déclarent les experts militaires français, descendants présumés de ceux qui estimaient les falaises de Québec impossibles à escalader.

Au fur et à mesure que les Allemands progressent, les Anglais tirent un trait sur la Bataille de France et préparent la Bataille d'Angleterre.

Le meilleur allié de l'Angleterre est la Manche côté britannique, qui force les Allemands à combattre dans les airs. Combattant au-dessus de leur pays, les Hawker Hurricane et les Supermarine Spitfire sont largement supérieurs aux Messerschmidt de Goering.

Quelques années plus tard, l'arme secrète de la majorité des guerres victorieuses — la supériorité numérique — fait son apparition sur la scène avec l'arrivée de l'armée américaine et du général Dwight D. Eisenhower.

S'il est un homme qui a donné un visage aux similitudes entre le commerce et la guerre, c'est bien le brave général Eisenhower. Le bureau dans lequel il travaillait était équipé de corbeilles «arrivée» et «départ» et il avait une secrétaire.

Le langage qu'il employait était celui du grand commerce. Alors que ses troupes se tenaient prêtes à envahir l'Europe, le général les mit en garde en leur déclarant : «Ne mettez pas vos vies inutilement en danger, tant que je ne vous aurai pas donné le signal.»

Nous connaissons les résultats de cette invasion. Une fois encore, nous avons remporté une bataille militaire et perdu une bataille de marketing, étant donné que nos ex-ennemis, les Allemands et les Japonais, ont déjoué nos plans sur les champs de bataille internationaux du marketing.

Et qui remportera les guerres de marketing des années quatre-vingts et quatre-vingt-dix ? Les généraux de marketing qui ont le mieux appris les leçons de l'histoire militaire. Les généraux de marketing qui ont appris à planifier comme Alexandre le Grand, à manœuvrer comme Napoléon Bonaparte, et à combattre comme George S. Patton.

Chapitre 2

Le principe de la force

Il faut masser le plus grand nombre possible
de troupes au point décisif de l'engagement.
Karl von Clausewitz

On entend souvent le personnel des entreprises déclarer qu'il est plus facile de se hisser jusqu'au sommet que de s'y maintenir.

Oubliez tout cela ! Ce mythe fut créé par des gens qui s'intéressent davantage à la sociologie qu'aux réalités de la concurrence commerciale.

Il est bien plus facile de se maintenir au sommet que d'y parvenir. Le leader, roi de la colline, peut profiter du principe de la force.

Aucun autre principe de guerre n'est aussi fondamental que le principe de la force. C'est la loi de la jungle : les petits poissons se font manger par les grands; la grande entreprise dame le pion à la petite.

Les règles mathématiques d'un engagement au tir

Lorsque nous examinons les règles mathématiques d'un engagement au tir, nous comprenons facilement pourquoi, en règle générale, c'est la grande entreprise qui gagne. Imaginons que l'Escadron Rouge, composé de neuf soldats, affronte l'Escadron Bleu, composé de six soldats. L'Escadron Rouge, numériquement supérieur, dispose d'un effectif de 50 pour cent supérieur à celui de l'Escadron Bleu : 9 contre 6; ou 90 contre 60; ou 9 000 contre 6 000. Le principe reste valable quel que soit le nombre choisi.

Par ailleurs, disons qu'en moyenne un tir sur trois fera une victime.

Après la première salve, la situation sera radicalement différente. Au lieu de bénéficier d'un avantage de 9 contre 6, les Rouges bénéficieront d'un avantage de 7 contre 3 passant ainsi d'un effectif de 50 pour cent supérieur à plus de 100 pour cent supérieur à celui des Bleus.

Cet effet multiplicateur implacable se poursuit au fur et à mesure que le temps passe.

Après la deuxième salve, le score sera de 6 contre 1 en faveur des Rouges.

Après la troisième salve, les Bleus seront complètement décimés.

Notez la répartition du nombre des victimes dans les deux camps. La force supérieure, celle des Rouges, ne déplore que la moitié du nombre de victimes de la force inférieure, celle des Bleus.

Par conséquent, vous obtiendrez le résultat inverse de ce à quoi les films hollywoodiens vous ont habitué — la poignée de Marines décimant une compagnie de Japonais avant d'être elle-même finalement écrasée.

La réalité est différente. Que se passe-t-il lorsqu'une Coccinelle heurte de plein fouet un bus ? Ce dernier s'en sort avec quelques éraflures sur son pare-choc, alors que la Volkswagen est transformée en crêpe bretonne. (Plus vous êtes grand, plus les autres s'enliseront.)

Il y a eu un échange de forces d'impulsion entre les deux véhicules. Il s'agit là d'une loi fondamentale de la physique. Le véhicule le plus grand et le plus lourd subit moins de dommages que la force la plus petite et la plus vive.

La raison pour laquelle les Alliés ont gagné la seconde guerre mondiale en Europe n'est un secret pour personne. Le rapport des forces en présence était de deux soldats allemands contre quatre soldats alliés. Là où les Allemands alignaient quatre soldats, les Alliés en alignaient huit. Ni les capacités et l'expérience d'un ennemi qui avait pratiquement inventé la guerre moderne, ni les aptitudes au commandement dont étaient dotés des hommes tels que Rommel ou Von Rundstedt n'ont pu en quoi que ce soit modifier les règles mathématiques du champ de bataille.

Dans l'armée, les effectifs sont si importants que la plupart des armées disposent d'une section de renseignements sur la répartition générale des forces. Elle informe les commandants sur l'importance, le lieu et la nature des forces ennemies. (Dans l'affaire qui opposa le général William C. Westmoreland à la chaîne CBS, la justice devait se prononcer sur la falsification ou non des documents sur la répartition des forces au cours de la guerre du Vietnam.)

Les règles mathématiques d'une mêlée de marketing

Lors d'un affrontement direct entre deux entreprises, le même principe s'applique. Dieu favorise la force de vente la plus importante.

Soit un terrain vierge; l'entreprise qui possède la plus grande force de vente sera vraisemblablement celle qui finira par contrôler la plus grande part de marché.

Une fois que le marché sera divisé, la société qui contrôlera la plus grande part de celui-ci continuera selon toute probabilité à soustraire des affaires aux entreprises moins importantes.

L'entreprise la plus importante a les moyens d'avoir un budget publicitaire plus élevé, un plus grand département de recherche, plus de débouchés, etc. Quoi d'étonnant à ce que les riches ne cessent de s'enrichir pendant que les pauvres s'appauvrissent ?

Le petit concurrent n'a-t-il aucun avenir ? Bien sûr que si; c'est l'une des raisons pour lesquelles ce livre a été écrit. (General Motors, General Electric et IBM n'ont pas besoin d'étudier Clausewitz pour réussir.)

Mais les petites entreprises qui contrôlent des petites parts de marché doivent, elles, réfléchir comme des commandants militaires. Elles doivent avoir à l'esprit le premier principe de la guerre, militaire ou de marketing, à savoir celui de la force. Selon Napoléon, «l'art de la guerre avec une armée numériquement inférieure consiste à disposer à tout moment de forces plus importantes que celles de l'ennemi au point qui doit être attaqué ou défendu.»

Custer serait devenu l'un des héros nationaux américains les plus célèbres s'il était parvenu à inciter les Sioux à attaquer de l'autre côté de la colline, un à un.

Les chefs militaires connaissent l'importance du principe de la force. C'est la raison pour laquelle ils consacrent tellement de temps à l'étude de la répartition des forces ennemies. Cependant, c'est en leur disant qu'ils sont de vaillants guerriers et qu'ils possèdent un équipement hors pair que les généraux essaient de remonter le moral de leurs troupes.

«Nous avons actuellement la meilleure nourriture, le meilleur équipement, le meilleur moral et les meilleurs hommes du monde», déclara George C. Scott dans son interprétation du rôle du général George S. Patton, Jr., alias «Mon-Dieu-comme-j'ai-pitié-de-ces-pauvres-bougres-contre-lesquels-nous-allons-combattre».

De nombreux généraux de marketing procèdent de la même manière et sont finalement victimes de leur propre rhétorique. Ils se livrent notamment à une auto-persuasion fondée sur les illusions du «meilleur personnel» ou du «meilleur produit».

L'illusion du «meilleur personnel»

Il est assez facile de convaincre une équipe que l'on peut vaincre, même dans un combat à armes inégales, grâce à la qualité des membres qui le compose. C'est justement cela qu'ils souhaitent entendre. Et il est sûr que dans une guerre de marketing la qualité est un facteur qui entre en ligne de compte au même titre que la quantité.

Certes, mais la supériorité de la force représente un tel avantage qu'elle finit par faire oublier la plupart des différences de qualité.

Aucun doute, à notre avis, que l'équipe de football la plus médiocre pourrait, en toute logique, battre la meilleure équipe si elle pouvait aligner douze hommes sur le terrain contre les onze joueurs de l'équipe adverse.

En affaires, où les équipes sont plus grandes, il est beaucoup plus difficile de parvenir à une différence qualitative.

Lors d'une réunion de vente, un directeur de marketing clairvoyant ne devra pas confondre discours d'encouragement et réalité de l'arène du marketing. Un bon général n'élabore jamais une stratégie militaire basée sur le concept du «meilleur personnel». Il en est de même d'un général de marketing. («Notre armée est composée du rebut de la société», affirma Wellington.)

Certes, vous auriez de graves ennuis dans votre entreprise si vous utilisiez les propos de Wellington pour décrire votre propre armée. Dites à vos équipes qu'elles sont fantastiques, mais ne prévoyez pas remporter la victoire grâce à un personnel supérieur.

Comptez remporter la victoire au moyen d'une stratégie supérieure.

Cependant, un grand nombre d'entreprises se cramponnent à la stratégie du meilleur personnel. Elles sont convaincues de pouvoir recruter et engager du personnel nettement meilleur que celui de leurs concurrents et d'assurer leur avantage «personnel» avec leurs programmes de formation de meilleure qualité.

Tout étudiant en statistiques éclaterait de rire devant cette opinion. Certes, il est possible de constituer un petit groupe de personnes supérieures. Mais plus l'entreprise est importante, plus le niveau de l'employé moyen risque d'être moyen.

Et, en ce qui concerne les entreprises gigantesques, les possibilités statistiques de pouvoir constituer une équipe intellectuellement supérieure sont presque nulles.

Au dernier recensement, IBM employait 369 545 personnes; ce nombre continue à croître rapidement. Une petite confidence : IBM emploie peut-être plus de cols blancs, mais pas plus de matière grise.

IBM est en train de remporter la guerre de l'informatique à la manière d'Eisenhower. Lorsque le concurrent marque 2 points, IBM en marque 4. Lorsque le concurrent en marque 4, IBM en marque 8.

L'illusion du «meilleur produit»

Une autre illusion ancrée dans la mentalité de la plupart des directeurs du marketing est la croyance selon laquelle le meilleur produit remportera la bataille du marketing.

De nombreux directeurs de marketing sont intimement persuadés que la «vérité finira par l'emporter».

Autrement dit, si les «faits» penchent en votre faveur, il suffit de trouver une bonne agence de publicité capable de communiquer ces faits au prospect et une bonne force de vente apte à conclure la vente.

Nous appelons cette approche la *réflexion inside-out»**; elle permet en quelque sorte à l'agence de publicité ou à la force de vente de saisir la vérité, telle que l'entreprise la conçoit, et de l'utiliser pour dissiper les conceptions fallacieuses ancrées dans l'esprit du prospect.

Il ne faut pas se leurrer. On ne peut facilement modifier de telles conceptions à l'aide d'une action publicitaire ou de vente.

Qu'est-ce que la vérité ? Dans chaque être humain se trouve une petite boîte noire. Lorsqu'un être humain est exposé à vos arguments

---

* *Cf.* Al Ries et Jack Trout, *Le positionnement. La conquête de l'esprit*, Paris, McGraw-Hill, 1987.

publicitaires ou de vente, cette personne regarde l'intérieur de cette boîte et déclare : «C'est vrai» ou : «C'est faux».

De nos jours, rien n'est plus vain en marketing que de vouloir transformer l'esprit humain; une fois formé, celui-ci est inaltérable, ou presque.

Qu'est-ce que la vérité ? C'est la perception qui réside à l'intérieur de l'esprit du prospect. Cette vérité n'est peut-être pas la vôtre; mais c'est la seule avec laquelle vous puissiez travailler. Vous devez accepter cette vérité, puis l'utiliser.

«Comment se fait-il qu'une personne aussi intelligente que vous ne soit pas riche ?»

Même si vous réussissez à convaincre votre prospect que votre produit est meilleur, après de plus amples réflexions il vous dira : «Mais si votre ordinateur est meilleur que celui d'IBM, pourquoi n'êtes-vous pas le leader ?»

Et même si quelques «boîtes noires» vous approuvent, leurs propriétaires seront aussitôt influencés par l'opinion contraire de la majorité récalcitrante.

Comment se fait-il qu'une personne aussi intelligente que vous ne soit pas riche ? Quelle question embarrassante ! Dans une guerre de marketing, il ne suffit pas d'avoir raison pour gagner.

Il y a, bien sûr, l'illusion que l'on entretient en pensant que le meilleur produit finira par l'emporter. Mais l'histoire militaire et celle du marketing sont écrites par les gagnants et non par les perdants.

La raison du plus fort est toujours la meilleure. Les gagnants ont toujours le meilleur produit, et ils sont là pour vous le faire savoir à tout moment.

Chapitre 3

La supériorité de la défense

*La forme défensive de la guerre est en soi
plus forte que l'offensive.*
Karl von Clausewitz

Le deuxième principe clausewitzien est celui de la supériorité de la défense.

Aucun chef militaire ne chercherait à s'engager dans un combat à armes inégales, la règle essentielle étant que l'armée assaillante ne peut réussir qu'à condition de bénéficier d'un effectif trois fois supérieur à celui de l'ennemi au point d'attaque.

Cependant, combien de généraux de marketing seraient on ne peut plus disposés à lancer une guerre offensive avec des forces totalement insuffisantes ? Tout comme Cardigan à Baklava et Lee à Gettysburg, nombre de généraux de marketing lancent des attaques offensives qui nécessiteraient des budgets de publicité et de marketing double, triple voire même dix fois supérieurs. Aucun doute à avoir quant au résultat de ces opérations : ils seront toujours les mêmes.

Les règles mathématiques d'un engagement au tir défensif

Sur un terrain découvert, un engagement au tir entre deux pelotons s'achève rapidement par la victoire de l'unité numériquement supérieure.

Mais que se passe-t-il lorsque l'un des deux pelotons est en position défensive ? En quoi cela peut-il changer les règles mathématiques de la situation ?

Imaginons qu'un commandant rouge à la tête d'une force de 9 soldats affronte un commandant bleu à la tête d'une force de 6 soldats seulement (soit une supériorité numérique de 50 pour cent pour les Rouges). Mais, dans ce cas-ci, la force bleue est en position défensive, dans une tranchée ou un abri individuel par exemple.

Le soldat bleu lutte toujours à armes inégales; ses tirs ont une chance sur trois d'atteindre un attaquant rouge.

Quel est dès lors le taux de probabilité pour un soldat rouge d'atteindre un soldat bleu, qui désormais est avantagé par la sécurité que lui assure sa position défensive ? Le taux de probabilité de 1 tir sur 3 sera dorénavant de 1 tir sur 9.

(Ceci pour vous illustrer les difficultés propres aux ventes dites de «conquête» : soustraire des affaires à un concurrent déjà établi sur le marché est généralement bien plus difficile que de réussir des affaires en infléchissant le choix d'un prospect sans opinion préconçue.)

Après la première salve, la force rouge continue de dépasser numériquement la force bleue, mais selon une marge de 7 contre 5 seulement. Après la deuxième salve, la marge se rétrécit à nouveau jusqu'à 5 contre 4. Après la troisième salve, les forces sont à égalité : 4 contre 4.

La force rouge a commencé le combat avec une supériorité numérique de 1,5 contre 1; mais les deux forces sont désormais numériquement égales. Arrivé à ce stade-là, le commandant rouge renoncera vraisemblablement à attaquer car il a perdu sa supériorité numérique.

Le fruit de la victoire

L'histoire militaire est là pour nous prouver que la défense est la forme de guerre la plus puissante. Pendant la guerre de Corée, les Etats-Unis furent victorieux dans le Sud par la défensive, mais subirent une défaite dans le Nord par l'offensive.

L'Angleterre fut vaincue dans les Colonies par l'offensive, mais victorieuse à Waterloo par la défensive.

L'offensive exerce une fascination, alors que la défensive permet de remporter les matchs de football; tout entraîneur s'empressera de vous l'affirmer. Pourquoi d'ailleurs mener une guerre offensive alors que la défensive offre tant d'attraits ? Le paradoxe, c'est le fruit de la victoire. Si vous pouvez remporter une bataille de marketing et devenir la première marque d'un certain secteur, vous pouvez jouir de cette victoire pendant longtemps, et ceci tout simplement parce que désormais vous avez la possibilité de jouer en défense : la forme de guerre la plus puissante.

Les résultats d'une étude effectuée en 1923 sur 25 marques sont d'ailleurs là pour nous le prouver. Soixante ans plus tard, 20 de ces marques occupent toujours la première position. Quatre d'entre elles sont en deuxième position et une est en cinquième position.

En l'espace de soixante ans, 5 marques sur 25 seulement ont perdu leur suprématie. Comme quoi il est difficile de détrôner un roi.

Ivory pour le savon, Campbell pour la soupe, Coca-Cola pour les boissons non alcoolisées : autant de marques puissantes occupant des positions de marketing qui ne peuvent être conquises qu'avec beaucoup d'argent, de talent et d'énergie.

Ne jouez pas au héros

La plus grande erreur que font les gens du marketing est de ne pas évaluer la force d'une position défensive.

Face à l'attrait de la guerre offensive et à l'enthousiasme suscité par la victoire, le directeur de marketing moyen n'a qu'une seule hâte : ramasser sa hache de guerre et assaillir le premier concurrent retranché qu'il rencontre sur son chemin.

Rien en marketing n'est aussi pathétique que la charge de la Brigade Légère. RCA et GE contre IBM dans l'informatique. Western Union, Exxon et Lanier contre IBM dans la bureautique. Western Union contre tout le monde dans le secteur du courrier électronique.

«L'héroïsme» est un mal qui frapppe un trop grand nombre de gens du marketing impatients d'agir ou de mourir pour leur entreprise. Si vous abordez le thème du marketing guerrier dans le but d'y trouver des moyens qui vous permettront de vous couvrir de gloire dans ce domaine, vous vous trompez de livre.

«Je voudrais que vous vous rappeliez qu'aucune canaille n'a jamais remporté une guerre en mourant pour sa patrie, a déclaré George C. Scott dans son rôle de Patton. Elle l'a remportée en faisant mourir l'autre pauvre type pour sa patrie.»

Il n'y a pas de héros chez IBM ni de médaille d'honneur à titre posthume. On a peut-être du mal à admirer les gagnants mais, la plupart des perdants vous le diront, l'amour n'est pas une consolation pour un perdant.

Une certaine inertie de l'attaquant est un élément qui favorise la défense

Une des raisons pour lesquelles la guerre défensive est si puissante tient à la difficulté du lancement d'une attaque surprise.

«Théoriquement, déclare Clausewitz, l'effet de surprise est très prometteur. En pratique, il cesse généralement vite à cause de l'inertie de la machinerie tout entière.»

Théoriquement, en 1916, la bataille de la Somme devait être une attaque surprise. Mais après avoir massé un million d'hommes et attendu une semaine pour que l'artillerie accomplisse sa mission, les Alliés ne pouvaient plus compter sur un grand effet de surprise.

Plus l'opération est importante, moins l'impact de la surprise sera puissant. Une petite entreprise pourra surprendre une grande société en lançant un nouveau produit. Mais Ford ne peut raisonnablement tromper General Motors, à cause de l'inertie de la machinerie tout entière qui est un obstacle.

Lorsque l'on examine les biographies des leaders qui se sont laissés surprendre, on constate généralement qu'ils avaient été suffisamment prévenus. Ils se sont fait battre lorsqu'ils n'ont pas tenu compte de ces avertissements ou ont fait peu de cas des efforts déployés par la concurrence.

Dans *Mein Kampf*, livre qui fut vendu à quelque 10 millions d'exemplaires, Hitler dévoila à l'Angleterre et à la France ses intentions exactes. Dix ans plus tard, il les exécuta.

L'attaque est un processus qui prend du temps

Dans une campagne militaire, non seulement l'attaquant a tendance à sacrifier l'effet de surprise, mais également à perdre du temps à engager ses forces dans l'action. En raison de problèmes logistiques, il arrive parfois que des jours, voire des semaines s'écoulent avant que la force d'impact maximale d'une attaque n'atteigne le défenseur — délai qui peut être extrêmement utile à la défense.

Le jour du débarquement, malgré un effort colossal, 156 115 soldats seulement débarquèrent sur les plages normandes. En raison de problèmes de transport et d'approvisionnement, il fallut plusieurs mois pour constituer les Forces Alliées comprenant les millions d'hommes nécessaires pour assurer la victoire.

Dans une attaque de marketing, le transport ne représente généralement pas un problème. Une entreprise peut livrer des produits à des milliers de points de vente en quelques jours.

Ce qui freine le processus, c'est la communication. Il faut parfois des mois, voire des années pour communiquer un message de marketing à des millions de clients. Le défenseur dispose alors d'un long délai pour atténuer l'impact du message de vente de l'attaquant par une surenchère quelconque.

Mais pour profiter de l'avantage de ce délai, le défenseur doit rester vigilant face à toutes menaces éventuelles pouvant surgir de toutes les directions.

Chapitre 4

La nouvelle ère
de la concurrence

*Certains hommes d'Etat et généraux
essaient d'éviter la bataille décisive.
L'Histoire a détruit cette illusion.*
Karl von Clausewitz

De nos jours, ce n'est pas dans la rubrique des nouvelles internationales que l'on trouve le langage le plus sanguinaire, mais dans la rubrique économique.

«Nous les assassinerons ! »

«Il faut tuer pour ne pas être tué ! »

«C'est une lutte pour la vie ! »

Ces phrases n'ont pas été prononcées par un guérillero gauchiste ni par un dictateur de droite. Ce sont tout simplement des phrases types utilisées par trois directeurs de marketing discutant de futures campagnes de marketing.

Le langage du marketing est emprunté aux militaires. Nous allons *lancer* une *campagne* de marketing. Espérons que nous ferons une *percée*.

Notre personnel reçoit des *promotions* dans des *divisions*, des *compagnies*, des *unités*. Nous enregistrons des *gains* et des *pertes*.

De temps en temps, nous nous rendons sur le *terrain* pour *inspecter* et *passer en revue* le progrès des *troupes*. Nous avons même la réputation *d'en user et d'en abuser*.

Jusqu'à présent, seul le langage est emprunté aux militaires, et non pas la pensée stratégique qui sous-tend ce langage.

La guerre de marketing tente d'appliquer la pensée militaire aux problèmes du marketing.

Le marketing, en tant que discipline scientifique, est né il y a moins de cent ans. Il accorde une large part à la réflexion empirique et passe rapidement sur la théorie. La théorie militaire peut donc aider à combler le vide.

Les guerres à la une des journaux

S'il vous arrive de lire *Business Week, Forbes* ou *Fortune,* vous devez probablement être saturé de langage militaire. La *guerre de la bière,* la *guerre des colas* et la *guerre des hamburgers* sont des exemples récents de militarisme journalistique.

Mais au-delà des titres, leurs auteurs ignorent totalement les principes militaires les plus élémentaires.

«Nouvelle poussée de Xerox dans la bureautique», titrait récemment le *New York Times,* suivi du sous-titre : «La société recherche la suprématie dans l'automatisation.»

Imaginez que le Danemark envahisse l'Allemagne de l'Ouest, pays douze fois plus grand; la presse réagirait en se montrant surprise et incrédule.

Suprématie dans le secteur de l'automatisation ? Xerox, une société dont le total annuel des ventes d'articles de bureautique est inférieur à 2 milliards de dollars, qui se lancerait à l'assaut d'IBM, société qui affiche un résultat de plus de 40 milliards de dollars ?

Il existe bien d'autres exemples de fumée sémantique sans feu stratégique.

«National Semiconductor traverse le Rubicon», déclara le PDG de cette société, M. Charles E. Sporck, selon le titre d'une annonce publicitaire pour la gamme des micro- et mini-ordinateurs de cette entreprise.

Lorsque, en l'an 49 avant J.-C., Jules César traversait réellement le Rubicon, il le faisait avec une légion complète (et avec deux légions supplémentaires en réserve). La force de César était si terrifiante que son adversaire, Pompée, décidait immédiatement d'évacuer l'Italie.

Que sont devenues les légions de Sporck ? IBM est-il prêt à baisser les bras si rapidement ? Inutile d'être un génie militaire pour savoir que cette semi-invasion ne sera pas un très grand succès.

Prévisions ou propagande ?

Lorsque la société Coca-Cola annonça sa nouvelle formule, plus sucrée que la précédente, elle fit part confidentiellement de ses prévisions pour les trois prochaines années : un gain de part de marché annuel de 1 pour cent. Etaient-ce des prévisions ou de la propagande ? Si Coca-Cola avait eu l'intention de faire de la propagande, on peut dire qu'elle a raté sa cible. Aucun chef militaire en pleine possession de ses moyens ne communique un calendrier permettant de remporter la victoire.

«Je reviendrai», déclara Douglas MacArthur au moment de quitter les Philippines en mars 1942. S'il avait ajouté : «d'ici la fin de l'année», sa réputation aurait été gravement ternie lors de son débarquement en 1944. Les promesses non tenues ne peuvent que miner le moral. Les promesses de marketing doivent être aussi vagues que les promesses politiques, sinon elles corrodent l'efficacité de vos forces.

Lorsque, après avoir promis de prendre Stalingrad, Hitler fut vaincu, c'est sa réputation militaire que fut ternie, mais également son image de «maître propagandiste».

Le conflit du marketing tel qu'il est dans la réalité

Sans vouloir faire de la rhétorique, on peut affirmer que le marketing est manifestement en train d'entrer dans une nouvelle ère, face à laquelle les années soixante et soixante-dix ressembleront à une partie de plaisir. La concurrence devient impitoyable. Dorénavant, le jeu s'appelle : «Comment soustraire des affaires à autrui ? »

Au fur et à mesure que les entreprises testent différents moyens permettant d'accroître leurs ventes, elles se tournent de plus en plus vers les stratégies militaires en général.

Mais l'agressivité seule n'est pas un signe de bonne stratégie militaire. En particulier l'agressivité prônée par l'école de management partisane de la méthode du «plus» : plus de produits, plus de personnel de vente, plus de publicité et plus d'ardeur au travail.

Mais surtout plus de travail. Notre sentiment de satisfaction d'avoir réussi est plus intense lorsque nous savons que nous nous sommes donnés beaucoup de peine pour parvenir à ce résultat. On prévoit donc plus de réunions, plus de rapports, plus de mémos.

Cependant, l'histoire militaire nous enseigne le contraire. Vouloir obstinément gagner une bataille rien qu'en déployant des efforts est une résolution qui se pulvérise généralement en une défaite. Des tranchées de la Grande Guerre jusqu'aux rues de Stalingrad de la seconde guerre mondiale, le commandant militaire qui laisse ses armées s'enliser dans un rude combat au corps-à-corps est habituellement vaincu.

La décision inébranlable de Xerox de réussir à percer sur le marché de la bureautique n'est pas un signe de succès futur. Elle est un signe de futilité.

Mieux vaut procéder à de rapides offensives éclairs en fonction du minutage qu'en fonction de la force. (Ce que les Allemands appellent la *Blitzkrieg*.) Cela ne veut pas dire, loin de là, que la force physique et le principe de la force ne sont pas importants. Mais, à moins que l'attaque ne soit correctement minutée, vous perdez votre avantage si vous laissez la bataille dégénérer en une guerre d'usure.

S'il vous arrive d'entendre votre commandant déclarer : Nous devons mettre les bouchées doubles», vous saurez que ce sont les paroles d'un perdant. Inutile de laisser les lumières allumées jusqu'à des heures tardives dans des lieux tels qu'Armonk*. Le secret de la réussite d'IBM c'est de réfléchir mieux que ses concurrents, et non pas davantage.

---

* Siège de la société Xerox.

Chapitre 5

La nature
du champ de bataille

La physionomie de la position de notre adversaire
nous permet de tirer des conclusions
quant à ses desseins et donc d'agir en conséquence.
Karl von Clausewitz

Dans une bataille militaire, le terrain a une telle importance que, quelle que soit la bataille, celle-ci porte toujours le nom de son lieu géographique.

La plaine de Marathon, la rivière Métaure, le village de Waterloo, une ville appelée Gettysburg, une colline appelée Bunker, une montagne appelée Casino.

Dans une bataille de marketing, le terrain revêt également une importance. Mais, la question est : «Où ? » Où se trouve le terrain ? Où se déroulent les batailles de marketing ?

Un lieu minable et sordide

Dans ce livre, on vous parlera de l'intérêt de maintenir le marketing sur «les hauteurs dominantes», et de la nécessité d'éviter un concurrent «bien abrité dans sa tranchée». Mais où se trouvent les hauteurs dominantes et les tranchées ?

Si vous désirez combattre vos concurrents, il est utile de savoir où aller.

Les batailles de marketing ne se déroulent ni dans le bureau du client, ni dans les supermarchés, ni dans les drugstores. Ce ne sont là que des points de distribution de marchandises dont les marques ont été choisies ailleurs.

Les batailles de marketing ne se déroulent pas dans des lieux tels que Dallas, Detroit ou Denver, ou du moins pas dans une ville ni dans une région au sens physique de ces termes.

Les batailles de marketing se déroulent dans un lieu minable, sordide, sombre et humide, formé de nombreux territoires inexplorés et de profonds guet-apens qui attendent des personnes imprudentes.

Les batailles de marketing se déroulent quotidiennement dans votre esprit et dans celui de vos prospects.

Le champ de bataille c'est l'esprit; un terrain énigmatique plein d'embûches.

Le champ de bataille mesure en tout et pour tout 15 centimètres de largeur. C'est à cet endroit-là que se déroule la guerre de marketing. Vous essayez de déjouer les plans de vos concurrents et de les dominer sur une montagne mentale pas plus grande qu'une pastèque.

La guerre de marketing est un combat entièrement intellectuel qui se déroule sur un champ de bataille que personne n'a jamais vu. On ne peut que l'imaginer dans notre esprit, c'est pourquoi cette guerre est l'une des disciplines les plus difficiles à étudier.

Le levé topographique de l'esprit

Un bon général étudie soigneusement le terrain avant la bataille. Il analyse chaque colline, chaque montagne et chaque rivière afin de déterminer quelles sont leurs possibilités défensives et offensives.

Un bon général étudie également la position de l'ennemi. Il indique l'emplacement et la force exacts de chaque unité sur une carte et les étudie de préférence avant le déclenchement de la bataille. La meilleure surprise est l'absence de surprise. Ce qu'un commandant espère éviter à tout prix c'est une attaque surprise provenant d'une direction imprévue.

Dans une guerre de marketing, la reconnaissance du terrain est extrêmement difficile. Comment fait-on pour regarder à l'intérieur d'un esprit humain afin de savoir quelle est la nature du terrain et quels sont les points forts tenus par l'ennemi ?

Une des méthodes qui permettent de reconnaître l'esprit humain est la recherche en marketing. Mais pas à la manière traditionnelle qui consiste à demander aux clients ce qu'ils désirent acheter. Cette approche est dépassée.

Ce que vous essayez de découvrir ce sont les positions détenues et par quelles entreprises. A qui appartiennent les hauteurs dominantes ?

Si vous procédez correctement à cette étude, vous pouvez tracer le contour de l'esprit du prospect moyen afin de réaliser une carte qui, pour un général de marketing, peut être aussi utile que les cartes Michelin que Patton utilisait pour se guider à travers l'Europe.

Le fait d'effectuer un levé topographique du champ de bataille de l'esprit peut vous assurer un énorme avantage. La plupart de vos concurrents ne sauront même pas à quel endroit se déroule la bataille, tant ils seront absorbés par leur propre camp : leurs propres produits, leur propre force de vente, leurs propres plans.

Les montagnes de l'esprit

Toute tentative de description physique de l'esprit humain se traduira par une description symbolique. Cependant, il existe certains symboles utilisés aussi bien dans des opérations militaires que de marketing qui semblent être particulièrement appropriés.

Dans une guerre militaire, les collines ou montagnes sont généralement considérées comme des positions fortes, particulièrement utiles à la défense. Dans une guerre de marketing, les managers désignent souvent ces positions fortes par l'expression «positions dominantes». De sorte qu'il semble approprié d'utiliser la montagne en tant que concept clé dans la guerre du marketing.

Mais dans une guerre, une montagne peut être occupée ou non. Le mont Mouchoir-en-Papier, par exemple, est occupé par Kleenex. Le mont Ketchup est occupé par Heinz, et le mont Informatique par IBM.

Certaines montagnes sont très convoitées. Le mont Cola est partiellement occupé par Coca-Cola, mais soumis à de violentes attaques de la part de Pepsi-Cola.

Lorsqu'un client emploie un nom de marque au lieu d'un nom générique, vous pouvez en déduire que cette marque occupe une solide position dans la montagne de l'esprit de ce client. Supposez que quelqu'un vous dise : «Donnez-moi un Kleenex», en désignant une boîte de mouchoirs en papier Scott; vous en déduirez rapidement le nom de la marque qui occupe la montagne Mouchoir-en-Papier dans l'esprit de cette personne.

La segmentation entraîne un morcellement du terrain

Qui occupe le mont Automobile aux Etats-Unis ? Autrefois, c'était Ford. Mais Ford fut morcelé par la stratégie de la segmentation pratiquée par General Motors.

De sorte que de nos jours, Chevrolet, Pontiac, Oldsmobile et Buick contrôlent chacun différents segments du mont Automobile, Cadillac occupant probablement la position la plus forte en tant que propriétaire du segment des automobiles de luxe. (De nos jours, le nom Cadillac est synonyme de produit haut de gamme. «C'est la Cadillac qu'on voit dans les séries télévisées.») General Motors occupe cinq positions fortes indépendantes et détient ainsi une part dominante du marché américain de l'automobile.

On se bat pour conquérir des monts monolithiques que l'on découpe ensuite en segments appartenant chacun à un seigneur de la guerre différent. Cette tendance continue devrait, selon toute vraisemblance, se poursuivre jusqu'au 21e siècle et bien au-delà.

Le propriétaire a le choix entre le déploiement et le repli. Face à un ennemi qui tente de sectoriser le marché, une entreprise peut déployer ses forces pour essayer de contrôler la totalité du territoire, ou se replier pour protéger sa base d'opérations.

Les instincts du propriétaire sont généralement faussés. L'avidité encourage une marque leader à accroître ses forces afin de contrôler tous les segments. Il arrive trop souvent que l'on perde tout en voulant protéger une petite parcelle de la montagne. Comme le disait Frédéric le Grand : «Celui qui essaie de défendre tout ne défend rien.»

N'existe-t-il aucun moyen de défense contre un concurrent qui essaie de segmenter votre montagne ? Si, et heureusement pour nos grandes entreprises ! Nous examinerons cette stratégie plus en détail dans le chapitre consacré à la guerre défensive.

Chapitre 6

Le carré stratégique

L'acte de jugement prioritaire, suprême et d'une portée
incalculable que doit accomplir l'homme d'Etat
et le commandant consiste à définir le type de guerre
dans laquelle ils s'embarquent; sans la confondre
et sans essayer de la transformer en quelque chose
qui soit étranger à sa nature.

Karl von Clausewitz

Il n'existe pas qu'une seule manière de mener une guerre de marketing; il y en a quatre. Et savoir quel type de guerre il faut mener est la décision prioritaire et la plus importante que vous puissiez prendre.

Le type de guerre à mener dépend de la position que vous occupez dans un carré stratégique qui peut être facilement élaboré quel que soit le secteur.

Prenons par exemple l'industrie automobile américaine. C'est un secteur solidement structuré et bien implanté. En fait, la dernière personne à avoir créé une société de construction automobile dans ce pays en réussissant à la faire survivre fut Walter P. Chrysler en 1925.

Donc aujourd'hui nous avons les quatre grands : General Motors, Ford, Chrysler et American Motors. Mais, imaginons que Clausewitz soit encore en vie et qu'il débarque à l'aéroport de Detroit. Après un rapide coup d'œil, il nous fixerait immédiatement sur la situation.

Il n'y a pas quatre grands. En réalité, et en termes de parts de marché, il n'y en a qu'un : General Motors, qui contrôle 59 pour cent du marché.

La part de marché de General Motors est supérieure à la totalité des parts de tous les autres constructeurs. Ford détient 26 pour cent du marché américain, Chrysler 13 pour cent et American Motors 2 pour cent. Soit un total de 41 pour cent pour la petite troïka.

Bien sûr, cette analyse ne tient pas compte des voitures importées, qui représentent 34 pour cent supplémentaires (équivalant à 25 pour cent de la totalité du marché automobile américain). Les importations ne sont pas négligeables, comme en témoignent ces chiffres, mais notre objectif n'est pas de procéder à une analyse détaillée de l'industrie, mais de vous présenter les quatre types de guerre de marketing à l'aide d'exemples pris dans la traditionnelle bande des quatre de la ville de Detroit.

Il existe des différences de forces considérables entre les sociétés American Motors, Chrysler, Ford et General Motors. Chacune d'entre elles est deux fois moins puissante que celle qui la précède au classement des sociétés du secteur. On ne peut être à égalité de force dans une fédération aussi peu homogène. C'est comme si une fédération de football rassemblait une équipe d'une école élémentaire, une équipe de lycéens, une équipe universitaire et une équipe professionnelle. Qui serait le champion ? Avez-vous le moindre doute ?

Le but du jeu n'est pas seulement de gagner. Bien sûr, General Motors inscrira davantage de points au tableau d'affichage. Mais pour les autres concurrents, gagner signifie autre chose.

Pour Ford, le fait d'accroître sa part de marché représente une grande victoire.

Pour Chrysler, le fait de survivre de manière rentable peut lui suffire pour crier victoire.

Quant à American Motors, elle se contenterait de survivre, tout simplement.

Dans toute situation de marketing, chaque entreprise a des ressources, des forces et des buts différents. Quoi d'étonnant à ce que chaque entreprise soit obligée d'avoir une stratégie différente ?

Quels types de guerre devraient mener General Motors, Ford, Chrysler et American Motors ? Examinons la position de chacune de ces sociétés.

Quel type de guerre pourrions-nous conseiller à General Motors ?

Premièrement, qui sont les concurrents de General Motors ? Ce sont le ministère de la Justice, la Commission Fédérale du Commerce, la Commission des Opérations Boursières et le Congrès américain (les deux chambres).

La société General Motors ne peut être victorieuse en gagnant. Si jamais elle anéantit un ou plusieurs de ses concurrents du secteur de l'automobile, elle sera dissoute par le Congrès. Comme en témoigne ce qui est arrivé à cet autre grand gagnant, la société American Telephone and Telegraph Company. Celle-ci n'a pas fait le poids face au juge Greene et au ministère de la Justice.

La société General Motors ne peut gagner qu'en évitant d'être vaincue. General Motors devrait mener une guerre défensive.

Mais une telle guerre ne doit pas être considérée comme étant une opération passive. «La défense proprement dite est un exercice négatif, étant donné qu'elle se concentre sur la résistance aux intentions de l'ennemi plutôt que sur nos propres intentions», déclare Clausewitz.

Autrement dit, une guerre défensive digne de ce nom est offensive par nature et son objectif évident est de protéger la part de marché dominante d'une entreprise.

Quels conseils pourrions-nous donner à Ford ?

Ford occupe une solide deuxième place et possède les ressources nécessaires pour lancer des attaques offensives. Mais qui doit-elle attaquer ?

Willie Sutton avait l'habitude de déclarer : «Je vole les banques parce que c'est là où l'argent se trouve». Ford devrait attaquer la société General Motors parce que c'est elle qui détient le marché.

Il est facile d'expliquer mathématiquement pourquoi Ford devrait attaquer General Motors. Si la société Ford s'emparait de 10 pour cent des affaires de General Motors, elle augmenterait sa part de marché de 25 pour cent. Si elle raflait 10 pour cent des affaires d'American Motors, les conséquences sur le volume de la société Ford seraient presque insignifiantes.

Quiconque applique la théorie des «proies faciles» aurait plutôt tendance à vouloir piéger les faibles que les forts. Cependant, ce n'est pas très astucieux. Moins une entreprise est importante, plus elle combattra pour protéger la petite part qu'elle possède, en employant des tactiques telles que l'abaissement des prix, l'augmentation des remises, ou l'extension des garanties. Ne livrez jamais bataille à un animal blessé.

La meilleure stratégie pour la société Ford est la guerre offensive. Elle devra lancer des attaques offensives contre les points faibles de la gamme General Motors. Comment trouver et exploiter ces points faibles ? Cette question fera l'objet d'un autre chapitre.

Quels conseils pourrions-nous donner à Chrysler ?

Connaissez-vous le vieux dicton africain selon lequel lorsque les éléphants combattent ce sont les fourmis qui reçoivent des coups ? Chrysler devrait éviter la bataille entre General Motors et Ford et lancer des attaques de flanc.

C'est exactement ce que fit Lee Iacocca. Parmi les attaques de flanc qu'il lança contre l'industrie automobile américaine nous pouvons citer : la «première» voiture décapotable, la première fourgonnette, la première traction avant à six places.

L'œuvre de M. Iacocca paraît d'autant plus brillante si l'on tient compte du cheminement suivi par cet homme. Après avoir été pendant huit ans à la tête de la société Ford, il entra chez Chrysler, avec l'aide involontaire de Henry Ford II. Chrysler aurait normalement dû adopter la stratégie de la société Ford. Mais il n'en fut rien. Iacocca eut le mérite de mettre au point une stratégie différente, qui fut bien mieux adaptée à la situation qu'il trouva en arrivant chez Chrysler.

Combien de généraux de marketing auraient été capables d'agir comme lui ? Nous aurions presque tous appliqué des règles de marketing qui ont fait leurs preuves dans le passé.

On peut affirmer, a posteriori, que Iacocca aurait pu appliquer une seule stratégie Ford à Chrysler. Il s'agit de l'attaque de flanc réussie avec la Mustang, première voiture «personnelle» à deux places. Malgré les hésitations de Henry Ford, Iacocca mit lui-même au point cette voiture, qui se vendit comme des petits pains.

Quels conseils pourrions-nous donner à American Motors ?

«Prenez le maquis, mettez vos uniformes et devenez des guerilleros ! » C'est le seul conseil que l'on puisse donner à cette malheureuse entreprise.

La société American Motors est trop faible pour pouvoir lancer des attaques offensives contre General Motors. Même si, au début, elle parvenait à remporter quelques victoires, elle ne disposera pas du nombre de revendeurs nécessaire, ni d'une capacité de fabrication ou d'une force de marketing suffisantes pour mener une attaque de marketing.

American Mortors est une société trop petite pour lancer une attaque de flanc contre son secteur. Mais pas trop petite pour *déclencher* une attaque de flanc, comme la société l'a prouvé avec la Nash Rambler. Cependant, elle est trop petite pour pouvoir dominer le segment après avoir été la première à lancer le concept.

Le seul modèle à avoir été une victoire conséquente pour American Motors fut la Jeep. Il s'agit là d'une tactique de guérilla de type classique qui consiste à trouver un segment suffisamment grand pour être rentable pour la guérilla, tout en étant trop petit pour éveiller la tentation du leader.

La montagne de l'esprit

Revenons au champ de bataille qui se trouve dans notre esprit. La montagne représente, bien sûr, les hauteurs dominantes tenues par le leader.

Franchir la montagne, c'est mener une guerre de marketing offensive. Il faut espérer rencontrer une vallée ou une crevasse franchissable par vos troupes. Mais la bataille est rude et souvent coûteuse car le leader dispose généralement de toutes les ressources nécessaires pour lancer de puissantes contre-attaques. Descendre de la montagne pour contenir les attaques de ses concurrents, c'est mener une guerre de marketing défensive. Et, en principe, la meilleure défense est une bonne offensive. Contourner la montagne, c'est mener une guerre de marketing de flanc. C'est généralement le type d'opération de marketing le plus efficace et le moins cher à réaliser. Mais les occasions permettant de mener à bien de bonnes attaques par les flancs se font rares pour de nombreuses catégories de produits.

Prendre le maquis, c'est mener une guerre de marketing de type guérilla; choisir un territoire suffisamment sûr pour pouvoir le défendre, ou trop petit pour attirer la convoitise du leader.

Chapitre 7

Les principes de la guerre défensive

L'homme d'Etat qui, en voyant la guerre inévitable,
hésite à frapper le premier se rend coupable
de crime contre son pays.
Karl von Clausewitz

Il existe trois principes fondamentaux de guerre de marketing défensive. Ils sont faciles à étudier, mais difficiles à mettre en pratique. Pour savoir comment bien jouer en défense, vous avez intérêt à tous les étudier en détail.

Principe défensif numéro 1

Seul le leader du marché peut envisager de jouer en défense. Ce principe peut sembler simpliste, mais il ne l'est pas.

Les entreprises se considèrent toujours comme des sociétés leaders. Mais la plupart d'entre elles fondent leur suprématie bien plus sur des définitions fantaisistes que sur les réalités du marché. Votre société a beau être le leader «du Nord au Sud et de l'Est à l'Ouest», le client n'attache aucune importance à ces balivernes.

Ce ne sont pas les sociétés qui créent les leaders; ce sont les clients. Le véritable leader est celui que le client perçoit comme tel.

En outre, il s'agit *du* leader et non pas d'*un* leader. Car il existe de nombreux leaders dans l'industrie informatique par exemple, mais il n'y a qu'un seul IBM; c'est lui le véritable leader aux yeux des clients et acheteurs potentiels d'ordinateurs.

● Puis il y a les prétendants au trône. Certains hommes d'affaires pensent réellement que l'on peut gravir les échelons jusqu'au sommet grâce à la volonté. Ils croient au pouvoir de la réflexion : vous devez d'abord vous persuader que c'est vous le leader, et ensuite persuader les autres.

Au diable la réflexion ! La prétention n'a pas sa place dans la mise au point d'une stratégie de marketing. Se lancer dans des figures de style pour convaincre votre force de vente est une chose. Entretenir des illusions au point de commettre une erreur stratégique en est une autre. Un bon général de marketing doit avoir une vue réaliste de la situation pour suivre le chemin de la vérité. C'est l'ennemi qu'il faut berner, pas soi-même.

● NOTE. IMPORTANTE.

● Principe défensif numéro 2

La meilleure stratégie défensive consiste à avoir le courage de lancer une attaque contre soi-même.

Compte tenu de sa position de leader, le défenseur occupe une solide position dans l'esprit du prospect. Le meilleur moyen d'améliorer votre position consiste à l'attaquer sans répit. Autrement dit, vous renforcez votre position en lançant de nouveaux produits ou services qui rendent obsolètes ceux que vous avez déjà lancés.

La société IBM est maître du jeu. De temps à autre, elle lance une nouvelle série de gros ordinateurs dont le rapport qualité-prix est bien meilleur que celui des produits existants.

Les concurrents ont beaucoup de mal à combler leur retard. On atteint plus facilement une cible immobile que mobile.

Un autre exemple est celui de la société Gillette. Celle-ci dominait le marché des rasoirs mécaniques grâce à un produit appelé Blue Blade, puis Super Blue Blade.

Elle fut frappée de stupeur lorsque sa rivale, Wilkinson Sword, lui souffla le marché au début des années soixante grâce à la lame inoxydable. Puis, en 1970, Wilkinson Sword lança la lame soudée, une lame métallique fixée à du plastique selon «l'angle de rasage optimal.» C'est alors que Gillette passa à l'action en déclenchant une brilante guerre défensive.

Peu de temps après, Gillette contre-attaqua en lançant Trac II, premier rasoir à double lame au monde. Dorénavant sa stratégie sera modelée sur le succès remporté par ce produit et son slogan publicitaire sera : «Un rasoir à double lame vaut mieux qu'un rasoir à lame unique.»

«C'est mieux qu'une Super Blue Blade», disaient les clients de la société qui achetaient immédiatement le nouveau produit au lieu de l'ancien. (Mieux vaut se soustraire des affaires à soi-même que de laisser un concurrent le faire à votre place.)

Six ans plus tard, la société lança Atra, le premier rasoir réglable à double lame. Une fois encore, par effet d'induction, le nouveau produit s'avéra meilleur que le Trac II, le rasoir à deux lames non réglables.

De même, Gillette n'hésita pas à lancer Good News, un rasoir jetable bon marché (équipé de deux lames, pas une de moins). Cette attaque visa manifestement la société Bic, qui s'apprêtait à lancer son propre rasoir jetable.

Le lancement de Good News ne fut pas une bonne nouvelle pour les actionnaires de Gillette, car les rasoirs jetables rapportèrent moins que les lames de rasoir de recharge Gillette, compte tenu de leur coût de fabrication plus élevé et de leur moindre prix de vente. De sorte que toute personne achetant un Good News à la place d'un Atra ou d'un Trac II coûta de l'argent à Gillette.

Mais Good News fut une bonne stratégie de marketing, car elle empêcha Bic de s'emparer de la part de marché des rasoirs jetables. En outre, Bic paya cher pour sa modeste part. Selon certaines sources, Bic aurait perdu 25 millions de dollars au cours de ses trois premières années dans ce secteur.

Note •Gillette poursuit son implacable stratégie d'attaque contre elle-même. Récemment, elle a lancé Pivot, le premier rasoir réglable et jetable. Cette fois-ci, la cible à atteindre est son propre produit Good News.

Gillette est parvenue progressivement à accroître sa part de marché dans le secteur des rasoirs mécaniques. A l'heure actuelle, elle détient environ 65 pour cent du secteur.

Note • L'attaque contre soi-même peut vous priver de bénéfices à court terme, mais elle comporte un avantage fondamental : elle vous permet de protéger votre part de marché, l'arme absolue dans toute bataille de marketing.

NOTE • La réciproque est aussi valable. Toute société qui hésite à lancer une attaque contre elle-même perd généralement sa part de marché et finalement sa suprématie.

Principe défensif numéro 3

Il faut toujours enrayer les puissantes manœuvres de vos concurrents. • NOTE •

• La plupart des sociétés ne disposent que d'une seule occasion pour gagner, alors que les leaders en ont deux. Si un leader rate une occasion d'attaque contre lui-même, il peut souvent se rattraper en copiant la manœuvre du concurrent. Mais le leader doit opérer rapidement avant que l'attaquant ne s'installe.

De nombreux leaders refusent d'enrayer les opérations de leurs adversaires car leur fierté les en empêche. Pire encore, ils critiquent les progrès de leurs concurrents jusqu'à ce que la situation devienne irrémédiable. • NOTE IMPORTANTE •

• Un leader peut facilement enrayer cette progression en raison de la nature du champ de bataille. N'oubliez pas que la guerre se déroule à l'intérieur de l'esprit du prospect. L'attaquant a besoin d'un certain délai pour impressionner les futurs acheteurs. Dans ces conditions le leader a généralement le temps de se défendre.

• L'exemple de l'industrie automobile américaine illustre assez bien ce principe. John DeLorean déclare dans son livre *On a Clear Day You Can See General Motors* : «Malgré la supériorité de Ford par rapport à la société General Motors en matière de nouveaux produits, à l'époque où je travaillais pour cette dernière, et bien que Chrysler eût dépassé General Motors dans le domaine de l'innovation technique, ni Ford ni Chrysler n'ont réussi à s'emparer d'une part importante du marché de General Motors, qui s'élève à 50 pour cent.»

• «General Motors n'a mis au point aucune innovation importante depuis la transmission automatique (1939) et la voiture à toit rigide (1949), poursuit DeLorean. Ford a frayé le chemin de pratiquement tous les nouveaux marchés alors que Chrysler a mis au point d'importantes innovations techniques telles que la direction et les freins assistés, les fenêtres à fermeture électrique et l'alternateur.»

Mais à qui attribue-t-on le mérite de la perfection technique ? A General Motors bien sûr.

Le résultat obtenu est contraire à l'effet escompté par l'illusion selon laquelle «la vérité finira par l'emporter». Le prospect se laisse lui aussi abuser par la même illusion. Par conséquent, il estime que le leader du marché a raison. Autrement dit, le meilleur produit ne peut être que celui de General Motors.

● En outre, les pressions psychologiques favorisent le leader. Une célèbre expérience réalisée par Solomon Asch de l'Université de Pennsylvanie a permis d'établir que de nombreuses personnes étaient prêtes à s'opposer à l'évidence perçue par leur propres sens afin de suivre la majorité.

● On demanda à un groupe de personnes d'apparier une série de lignes selon leurs longueurs respectives. Confrontées à un autre groupe auquel on avait donné comme instruction d'indiquer de fausses réponses, 37 pour cent des personnes interrogées se soumirent à l'opinion du groupe imposteur et donnèrent également les mêmes fausses réponses.

● Le pouvoir de la majorité fut illustré par la réaction type des personnes interrogées au cours de l'expérience d'Asch : «Il me semble que j'ai raison. Cependant, ma raison me dit que j'ai tort parce que je doute que tant de personnes puissent avoir tort et que je sois le seul à avoir raison.»

● En fait, un grand nombre de personnes sont plus attentives à l'opinion d'autrui qu'à leur propre opinion. Si au cinéma tous les spectateurs rient, vous vous dites qu'il doit s'agir d'un film comique. Si aucun spectateur ne rit, vous en déduisez qu'il doit s'agir d'un film qui n'est pas drôle. (D'où la raison d'être des pistes sonores de rire dans les séries télévisées.)

Un leader doit-il jouer sur tous les tableaux ou uniquement sur ceux sur lesquels il aurait le plus de chances de réussir ? Vouloir défendre des conceptions totalement insensées n'offre bien entendu aucun intérêt; mais qui jugera ? Lorsque la première Coccinelle apparut sur le marché, on la trouva bien étrange. A Detroit circulait alors une boutade typique de cette ville : «Aux Etats-Unis les trois choses que l'on surestime le plus sont : la cuisine méridionale, la sexualité et les voitures étrangères.»

De nombreuses entreprises ont eu à déplorer des clichés de ce genre. De sorte que le mot d'ordre actuel serait plutôt le suivant : «Attendons pour voir ce qui va se passer.»

Mais une telle tactique peut être dangereuse pour un leader. Trop souvent les événements s'enchaînent trop rapidement et l'on s'aperçoit soudain qu'il est trop tard pour participer au nouveau match.

A l'heure actuelle, les rasoirs jetables représentent 40 pour cent du marché des lames de rasoir. Si Gillette avait attendu et laissé Bic dominer ce segment de marché, elle occuperait en ce moment une position beaucoup plus faible.

Une défense excessive vaut mieux qu'une défense insuffisante. La lame en acier inoxydable lancée par Wilkinson Sword n'a donné aucun résultat, mais Gillette a pourtant jugé utile de se défendre en contractant par mesure de sécurité de petites dépenses qui en valurent la peine. Appelez ça une «assurance» si vous voulez.

La bataille du mont Migraine

C'est le nom que nous avons attribué à une des manœuvres d'obstruction les plus classiques pratiquées de tous les temps. Non seulement permit-elle d'anéantir complètement la manœuvre du concurrent, mais cette opération de défense eut pour effet de propulser la marque qui devint ainsi l'article à succès numéro un des drugstores américains.

Les événements du mont Migraine illustrent l'importance capitale de la planification. Si vous voulez vous défendre, il faut le faire immédiatement. Si vous attendez trop longtemps, vous risquez de rater le coche.

Il s'agit de la marque Tylenol, un produit à base d'acétaminophène commercialisé par les laboratoires McNeil de Johnson & Johnson. Il fut vendu à un prix 50 pour cent supérieur à celui de l'aspirine et fit principalement l'objet d'une promotion auprès des prescripteurs : médecins généralistes et spécialistes. Le Tylenol arriva en tête des palmarès de ventes.

Les responsables de la société Bristol-Myers estimèrent que c'était une bonne occasion. Donc en juin 1975, elle lança Datril, «un analgésique aussi efficace et aussi sûr que le Tylenol.»

Ce qui fait la différence c'ést le prix, soulignait la publicité pour Datril; une boîte de 100 comprimés de ce médicament coûtait 1,85 dollars, alors qu'une boîte de 100 comprimés de Tylenol coûtait 2,85 dollars. L'une des erreurs de Bristol-Meyers fut de mettre en pratique son idée sur ses marchés-tests traditionnels, Albany et Peoria. Et qui d'après vous surveillait le déroulement du test avec un œil de lynx ?

Johnson & Johnson
décoche un coup fatal à son concurrent

Deux semaines avant la parution du slogan publicitaire pour Datril, Johnson & Johnson informa Bristol-Myers qu'elle était sur le point d'abaisser le prix du Tylenol afin qu'il fût identique à celui de Datril. En outre, Johnson & Johnson accorda des avoirs à ses clients, afin d'abaisser les prix des stocks existants dans les magasins.

Mais cela n'empêcha pas la société Bristol-Myers de lancer obstinément son attaque. Elle alla même jusqu'à avancer la date de diffusion des spots publicitaires à la télévision pour qu'ils soient diffusés le lendemain de l'annonce de la baisse du prix du Tylenol; elle s'imagina apparemment qu'il faudrait des journées entières avant que l'annonce du changement de prix ne parvienne jusqu'aux 165 000 points de vente du pays.

Alors ce fut le tollé général. Johnson & Johnson déposa des réclamations auprès des chaînes, des magazines, de l'Association de la Propriété Industrielle et du Conseil des Organisations en faveur de l'Amélioration des Echanges Commerciaux.

Les chaînes demandèrent à ce que l'on procède à des modifications de l'énoncé. Dans le premier remaniement, le prix «inférieur d'un dollar» fut modifié en «Datril vous revient moins cher, bien moins cher.» Johnson & Johnson obtint finalement la suppression de l'expression : «bien moins cher» grâce à une réclamation supplémentaire déposée par ses soins. Finalement, CBS ainsi que NBC refusèrent de diffuser les spots publicitaires pour Datril; une pilule bien amère à avaler pour Bristol-Myers.

La riposte de Johnson & Johnson fonctionna parfaitement. Datril ne parvint jamais à se rendre maître d'une part de marché supérieure à 1 pour cent.

En revanche, le Tylenol démarra en flèche. L'impulsion créée par la riposte du Tylenol permit de propulser la marque jusqu'au sommet.

Grâce à son prix meilleur marché d'une part, et à la publicité d'autre part, Tylenol se retrouva en tête du marché des analgésiques, atteignant ainsi un niveau record de 37 pour cent. A un moment donné, les ventes de Tylenol dépassèrent celles d'Anacin, de Bufferin et de Bayer confondus.

Puis, la ville de Chicago fut tragiquement frappée par la mort de sept personnes qui moururent après avoir absorbé du Tylenol contenant du cyanure. Mais le Tylenol réapparut et parvint à reprendre possession de la majeure partie du mont Migraine, car il n'était talonné par aucun produit suffisamment puissant pour se mesurer à lui. Dans ces conditions, les consommateurs de Tylenol n'avaient aucune alternative.

Et si la société Bristol-Myers avait été moins avide ? Si au lieu de lancer une attaque directe elle avait mené une guérilla... mais c'est un autre problème que nous aborderons dans un chapitre ultérieur consacré à la guérilla.

Soyez prêt à riposter

Que font la plupart des sociétés lorsque l'une de leurs principales marques est victime d'une attaque de prix ?

La riposte classique consiste dans ce cas-là à rester dans l'expectative; d'attendre pour voir si le concurrent pourra résister financièrement à longue échéance, et si les clients reviennent après avoir essayé l'alternative du bas prix.

Comment doit réagir votre entreprise si l'un de vos principaux concurrents casse soudainement ses prix ? Ne vous laissez pas prendre au dépourvu. Le leader doit être psychologiquement prêt à réagir.

Que feriez-vous ? En êtes-vous sûr ?

Comme en témoigne la bataille du mont Migraine, il existait suffisamment d'affaires sur le marché pour le Tylenol à prix élevé de Johnson & Johnson et pour le Datril à bas prix de Bristol-Myers. Mais le partage du marché n'aurait pas été une bonne stratégie pour Johnson & Johnson.

La philosophie de l'entente cordiale est incompatible avec la guerre. Des sociétés telles que Johnson & Johnson et Procter & Gamble ne font pas de prisonniers.

Il faut conserver quelques réserves

Il existe une autre stratégie qui convient assez bien aux leaders. Elle consiste à conserver «quelques réserves».

Alors qu'un attaquant doit livrer toutes ses forces dans la bataille, il n'est pas toujours souhaitable que le leader fasse trop de frais pour des opérations de marketing. Mieux vaut ne dépenser que le montant nécessaire pour ne pas se laisser distancer par la concurrence.

Le reste est à mettre de côté. Si la concurrence attaque avec une offre exceptionnellement séduisante, vous aurez les fonds nécessaires pour défendre votre position.

La société Anheuser-Busch utilisa efficacement cette stratégie pour sa bière Budweiser. Elle «adopta un profil bas» sur certains marchés jusqu'à ce que les ventes de Budweiser se mettent à flancher.

Puis elle fit sa réapparition avec un vaste programme de publicité destiné à relancer Bud. Cette stratégie, dite des «impulsions», permet non seulement d'épargner des dollars mais également de conserver des réserves en prévision des attaques lancées tous azimuts par la concurrence.

«La quantité de réserves fraîches constitue toujours le point essentiel dont tiennent compte les deux commandants», déclare Clausewitz.

Et qu'en est-il de l'Administration ?

L'un des moyens pour freiner les entreprises est la crainte de poursuites judiciaires.

Et cette crainte est réelle, surtout pour le leader du marché; comme en témoigne la dissolution d'AT&T et les poursuites judiciaires antitrust contre IBM qui ont duré dix ans.

Les défenseurs devraient admettre naturellement qu'une partie de leur poste dépenses soit dégagée pour des frais de poursuites judiciaires. Ralph Nader raconte l'histoire d'un cadre d'une compagnie aérienne lequel, interrogé au sujet de l'évolution du chiffre d'affaires de sa société, répondit : «Pas mal. Sept fois les frais de justice…»

Aussi bizarre que cela puisse paraître, les stratégies défensives que nous vous recommandons dans ce chapitre devraient vous permettre d'être moins vulnérable au regard de la loi. La stratégie de Gillette qui consiste à lancer des attaques contre soi-même est probablement plus sûre sur le plan légal que l'attaque de la concurrence.

En outre, l'exercice vertical du pouvoir pour la défense d'un marché est également plus sûr que des manœuvres horizontales destinées à étendre son pouvoir à un autre marché. (De nombreuses entreprises ont dû affronter de sérieux problèmes judiciaires à cause de ventes jumelées, d'ententes illicites concernant les remises ou d'autres tactiques qui, en exploitant leur position sur un marché, consolidaient leur position sur un autre marché.)

«Le simple fait de posséder un pouvoir de monopole», déclara le juge Irvin Kaufman dans l'affaire Berkey-Kodak, n'était pas nécessairement considéré comme illégal. Mais, ce qui est illicite pour un monopole, c'était d'user de son pouvoir dans un secteur en vue d'obtenir un avantage concurrentiel sur un autre marché, «et ceci quand bien même il

n'y aurait eu aucune tentative de monopolisation de l'autre marché»,
ajouta le juge.

La paix de marketing

Il est évident que le but de toute guerre défensive est de parvenir à
une paix de marketing, de telle sorte que la concurrence en soit réduite à
lancer des attaques sporadiques de guérilla.

La paix de marketing est le stade auquel Kodak est parvenu dans le
secteur du film photographique, Campbell dans le secteur des soupes, et
IBM dans le secteur des gros ordinateurs. Chacune de ces sociétés détient une part dominante de son marché, à tel point que dans l'esprit du
prospect il n'existe aucune société numéro 2.

Cependant, les leaders doivent se méfier, car les guerres éclatent
souvent par couple, la seconde guerre étant déclenchée par le vaincu de
la première. La seconde guerre mondiale fut déclenchée par
l'Allemagne, le vaincu de la première. La guerre de 1812 fut déclenchée
par l'Angleterre, le vaincu de la guerre d'Indépendance américaine.

En supposant que la paix s'instaure de manière permanente, les
leaders peuvent changer de stratégie. Ils peuvent changer de vitesse en
adoptant un nom générique au lieu d'une stratégie de marque. C'est la
raison pour laquelle la Campbell Soup Company fait de la publicité pour
la soupe en général plutôt que pour celle de Campbell. «La soupe est un
bon aliment», annoncent les messages publicitaires — c'est-à-dire vraisemblablement toutes les soupes.

Et la société Kodak vend des pellicules photographiques et non pas
uniquement des pellicules Kodak. «Car le temps passe vite», procla-
ment les spots publicitaires télévisés.

Le propriétaire du gâteau doit s'efforcer de l'agrandir au lieu
d'essayer d'augmenter sa part.

Chapitre 8

Les principes
de la guerre offensive

*Lorsque l'on ne peut atteindre la supériorité absolue,
il faut produire une supériorité relative à un point décisif
en utilisant habilement tous les moyens dont on dispose.*
Karl von Clausewitz

Théoriquement, il n'existe pas de bonne stratégie de marketing. Une bonne stratégie peut être mauvaise. Et une mauvaise stratégie peut être bonne. Tout dépend de celui qui l'utilisera.

En fait, la stratégie offensive et la stratégie défensive ont beaucoup de similitudes tout en étant différentes. Elles sont toutes deux si étroitement liées qu'elles sont difficilement séparables.

Une stratégie considérée comme bonne pour un leader peut être mauvaise pour un vaincu, et réciproquement. De sorte qu'il est important de toujours se demander quelle position nous occupons sur le marché avant de mettre notre stratégie en pratique.

Les leaders doivent mener une guerre défensive et non pas offensive. La guerre offensive est un jeu qui convient aux entreprises numéro 2 ou 3 d'un secteur; à savoir des sociétés suffisamment puissantes pour être capables d'exercer une offensive permanente contre le leader.

Personne ne pourrait vous dire ce que signifie «suffisamment puissantes». Tout comme la guerre militaire, la guerre de marketing est un art et non pas une science. Vous devez faire preuve de bon sens.

Dans certains secteurs, il existe des entreprises qui sont assez puissantes pour pouvoir lancer des offensives contre le leader, alors que dans d'autres on n'en trouve aucune. Si l'une des entreprises BUNCH (Burroughs, Univac, NCR, Control Data et Honeywell) lançait une attaque offensive contre les gros ordinateurs IBM, elle commettrait une erreur monumentale.

Si votre entreprise est assez puissante, elle a intérêt à mener une guerre offensive en suivant trois principes.

Principe offensif numéro 1

Il faut surtout tenir compte de la force que représente la position occupée par le leader.

Cela correspond exactement au premier principe de guerre défensive. Mais les leaders ont plus de facilités à se concentrer sur eux-mêmes que n'en ont les entreprises numéro 2 ou numéro 3 à concentrer leur attention sur le leader.

La plupart des sociétés ont un comportement puéril, en ce sens qu'elles veulent tout faire «seules». Leur réaction immédiate face à un problème de marketing est égocentrique : elles se livrent à une évaluation de leurs propres forces et faiblesses, de la qualité de leur propre produit, de leur propre force de vente, de leurs propres prix et de leur propre réseau de distribution. C'est la raison pour laquelle la plupart des entreprises finissent par adopter la manière d'agir et le langage du leader.

Une entreprise numéro 2 ou 3 devrait mobiliser son attention sur le leader, sur son produit, sa force de vente, ses prix et son réseau de distribution.

Quelle que soit la force que l'on attribue à une société numéro 2 pour une certaine catégorie ou qualité, elle ne peut gagner si le leader est, lui aussi, fort dans le même domaine.

Le leader détient une position dans l'esprit du prospect. Pour gagner la bataille de l'esprit, vous devez lui ravir sa place. Il ne suffit pas de réussir, encore faut-il que les autres échouent et, en particulier, le leader.

Schenley Industries lança, il y a quelques années, Ne Plus Ultra, un whisky écossais vieux de 12 ans, le plus cher du marché. Schenley avait investi beaucoup d'espoir dans Ne Plus Ultra, qui veut dire «le fin du fin» en latin.

«Si seulement les gens voulaient bien le goûter, déclara le président du service des ventes, nous n'aurions aucun problème. Il est tout simplement suave, très suave ! »

Les gens ne voulurent pas le goûter... Mais là n'était pas le problème. C'est Chivas Regal qui lui donna du fil à retordre. Les ventes de Ne Plus Ultra dans les magasins de liqueurs furent à peine suffisantes, alors que dans les restaurants et bars elles furent presque nulles. (Essayez de dire à votre garçon de café préféré : «Je voudrais un Ne Plus Ultra.»)

On pourrait illustrer la nécessité de concentrer son attention sur l'ennemi et non pas sur soi-même, en pensant à une affiche qui fut largement diffusée pendant la seconde guerre mondiale. La conservation des aliments était l'un des principaux sujets de préoccupation du gouvernement américain de l'époque. C'est la raison pour laquelle il fit imprimer des affiches patriotiques sur lesquelles on pouvait lire : «C'est grâce à la nourriture que nous gagnerons la guerre.»

«Je sais que l'on peut gagner la guerre grâce à la nourriture, se disait le soldat américain en observant, sans grand appétit, ses rations de campagne…, mais comment en convaincrons-nous l'ennemi ?»

Convaincre l'ennemi constitue l'objectif essentiel de la guerre offensive. Le moral peut être un facteur décisif. Il faut veiller instamment à détruire le moral de votre adversaire.

Mais ce n'est pas facile pour une entreprise numéro 2 de concentrer son attention sur ce concept. Aussi la plupart des plans de marketing en appellent-ils à «un accroissement de notre part du marché.» Si l'on prend un secteur particulier, on s'aperçoit qu'il existe une demi-douzaine d'entreprises ayant un objectif similaire pour leur plan de marketing : l'accroissement de leur part de marché. Sans parler des plans des nouvelles sociétés qui se livreraient à une invasion du territoire. Quoi d'étonnant à ce que la promesse de marketing type soit rarement tenue.

Il existe une bien meilleure stratégie pour le numéro 2, qui consiste à surveiller le leader en se demandant : «Comment procéder pour abaisser sa part du marché ?»

Nous ne voulons pas dire par là qu'il faut saboter les leaders en dynamitant leurs usines ou en leur interdisant d'accéder à leurs gares de tri. Ce serait une conception physique de la guerre de marketing.

N'oubliez jamais que la guerre de marketing est encore un exercice mental qui se déroule sur un champ de bataille appelé l'esprit humain. Toutes les opérations offensives doivent viser cette cible. Votre artillerie ne doit être composée que de mots, d'images et de sons.

Principe offensif numéro 2

Il faut trouver une faiblesse dans la force du leader et l'attaquer à ce point-là.

Non, ce n'est pas une faute d'impression. Nous voulons bien dire «trouver une faiblesse dans la force du leader», et non pas «la faiblesse du leader».

Parfois, les leaders ont des points faibles qui sont uniquement des points faibles et ne sont pas inhérents à leur force. Il se peut que cela leur échappe, qu'ils n'y attachent aucune importance ou qu'ils les aient oubliés.

Le prix élevé du Tylenol (2,85 dollars la boîte de 100 comprimés) ne fut pas une faiblesse inhérente à la marque Johnson & Johnson. Cent comprimés de 325 mg de Tylenol contiennent l'équivalent de 5 cents d'acétaminophène environ. La société Johnson & Johnson a bien prouvé qu'elle pouvait facilement baisser le prix du Tylenol, avec les résultats catastrophiques qui s'ensuivirent pour Datril.

De même, les prix élevés ne constituent pas une faiblesse inhérente aux ordinateurs IBM. On peut dire que le coût de fabrication d'IBM est le plus bas du secteur informatique, si l'on tient compte de son échelle de fabrication. Il est toujours dangereux d'attaquer la société IBM sur les prix, car elle a les moyens financiers de gagner de l'argent quels que soient ses prix de vente, et aussi bas qu'ils soient, ou presque.

Mais, il existe des faiblesses qui proviennent de la force. Rappelez-vous les messages publicitaires pour Avis : «Louez chez Avis. Les files d'attente à nos comptoirs sont moins longues.»

Le seul moyen pour Hertz de riposter à une telle stratégie aurait été de tirer sur les clients d'Avis. Voilà où réside la faiblesse inhérente à la position de Hertz, l'entreprise de location de voitures la plus importante; cette faiblesse étant également inhérente à la plupart des leaders.

American Motors doit son seul succès remporté au cours des dernières années à son Plan de Protection de l'Acheteur, une attaque lancée contre la piètre réputation dont jouissaient la plupart des revendeurs de General Motors quant à leurs prestations de service. Tout comme Hertz, General Motors est victime de son propre succès. Plus un revendeur vend de voitures dans sa salle d'exposition en amont, plus il crée de problèmes pour le service entretien en aval.

Le prix n'est pas toujours un facteur que l'attaquant doit chercher à éviter. Lorsqu'il est inhérent à une force, le prix peut être utilisé de manière très efficace. Nous pourrions citer en exemple le Bureau de Publicité Radiophonique, groupe fondé afin de promouvoir les mérites de la publicité radiophonique.

Qui est le leader du secteur de la publicité médiatique ? C'est la télévision. Non seulement elle vend l'équivalent de 18 milliards de dollars de temps de publicité par an, mais elle domine également les esprits de la plupart des acheteurs.

Où réside la force de la télévision ? On peut attribuer une partie du pouvoir de fascination qu'exerce la télévision à son rayon d'action. Un spectacle comme Super Bowl peut être suivi par 60 pour cent des foyers américains.

Où réside la faiblesse de la télévision ? Dans les sommes qu'il faut dépenser pour atteindre tous ces foyers. Une seule minute de spot publicitaire diffusé durant l'émission Super Bowl coûte actuellement plus d'un million de dollars. Et ce prix ne cesse d'augmenter.

La seconde guerre mondiale a coûté 9 000 dollars par minute au gouvernement américain. La guerre du Vietnam a coûté 22 000 dollars par minute. Et actuellement vous devez payer 1 000 000 de dollars par minute pour faire passer un message publicitaire au cours de l'émission Super Bowl. La guerre revient cher, mais le marketing n'est pas à la traîne…

«Pouvez-vous nous épeler le mot qui définit le «soulagement» de la douleur due aux coûts élevés de télévision ?» Voilà le titre d'une annonce publicitaire du Bureau de Publicité Radiophonique. La réponse est : «R-A-D-I-O».

Personne n'ignore que la radio n'est pas chère. Mais pour véhiculer cette idée jusqu'aux foyers, il faut faire un rapprochement avec le prix élevé de la télévision.

Principe offensif numéro 3

Il faut lancer l'attaque sur un front qui soit le plus étroit possible.

Et, de préférence, à l'aide d'un seul produit. La «gamme complète» est un luxe que seuls les leaders peuvent se permettre. La guerre offensive doit être menée sur des gammes étroites, qui se rapprochent le plus des produits uniques.

Il s'agit, en l'occurrence, d'un domaine dans lequel les gens de marketing ont beaucoup à apprendre des militaires. Pendant la seconde guerre mondiale, les offensives étaient généralement lancées sur un front très étroit, et parfois même le long d'une seule route principale. Les forces de l'assaillant ne se dispersaient latéralement pour occuper des territoires qu'à partir du moment où elles réussissaient à effectuer une percée.

Lorsque vous attaquez sur un front étroit, vous exploitez le principe de la force. Il faut que vous massiez vos forces afin de parvenir à une supériorité locale. «Lorsque l'on ne peut atteindre la supériorité absolue, il faut produire une supériorité relative au point décisif en utilisant habilement tous les moyens dont on dispose», déclare Clausewitz.

L'armée de marketing qui essaie de conquérir le maximum de territoire aussi rapidement possible en attaquant d'emblée sur un large front à l'aide d'une grande gamme de produits, perdra certainement à long terme tout le territoire conquis, voire même bien davantage.

Cependant, c'est exactement ce qu'essaient de faire bon nombre d'entreprises numéro 2 ou 3. «Nous ne pouvions pas nous payer le luxe de laisser passer un quelconque marché de l'automobile aux Etats-Unis», déclara Lynn Townsend, président de Chrysler. Les problèmes que Chrysler dut affronter autrefois peuvent dans une certaine mesure être attribués à cette position.

Et le PDG d'American Motors s'est plaint publiquement du fait que la part de marché de sa société n'était que de 25 pour cent; ce qui laisse supposer que la prochaine mesure que prendra la firme sera l'élargissement de la gamme de ses produits, qui sera suivi d'un affaiblissement supplémentaire de ses ventes.

Le défenseur est favorisé par la chance

Ce n'est pas tous les jours que David se lance dans un combat de fronde contre Goliath. La guerre offensive n'est pas une tâche facile à réaliser.

Selon le deuxième principe de Clausewitz, le défenseur est favorisé par la chance. Les statistiques démontrent que la plupart des attaques sont vouées à l'échec. Une étude réalisée auprès de 600 sociétés et qui dura deux ans démontre que seuls 20 pour cent de ces sociétés ont bénéficié d'un accroissement de leur part de marché de 2 pour cent ou plus. En d'autres termes, quatre sociétés sur cinq accusent des accroissements négligeables ou une perte réelle de terrain.

On constate que plus une entreprise vieillit, plus sa part de marché a tendance à se figer, à l'instar de la première guerre mondiale qui dégénéra en guerre de tranchées au cours de laquelle les gains de territoires se mesurèrent en mètres et non en kilomètres.

40 pour cent des sociétés âgées de cinq ans ou moins contre 17 pour cent âgées de vingt ans ou plus ont accru leur part de marché.

Il est évident que la guerre offensive est un jeu réservé uniquement aux responsables de marketing déterminés et habiles. Mais vous pouvez largement accroître vos possibilités de succès en analysant soigneusement la force du leader.

La faiblesse inhérente à la force

Toute force est constituée d'une faiblesse inhérente à elle-même. Savez-vous laquelle ? Avez-vous pensé au talon d'Achille ?

Lorsqu'une société accroît sa part de marché au-delà d'un certain point, elle devient plus faible et non le contraire. Les marques qui contrôlent 60, 70, voire même 80 pour cent du marché paraissent extrêmement puissantes; cependant, elles sont parfois vulnérables… Quel est d'après vous le point faible inhérent à leur force ?

Prenez les pellicules photographiques en couleurs pour amateurs. C'est un marché estimé à un milliard de dollars aux Etats-Unis. La société Kodak détient 85 pour cent de ce marché. (Ses marges bénéficiaires avant imposition s'élèvent, dit-on, à plus de 50 pour cent.)

C'est assurément un monstre jaune bien redoutable ! Pour attaquer un tel mastodonte il faut élaborer une bonne stratégie.

Les prix ? Non, cela n'a aucun sens car grâce à ses marges bénéficiaires élevées Kodak pourrait réduire ses prix de moitié en continuant à gagner de l'argent. En outre, la pellicule n'est pas ce qui coûte le plus cher. En effet, la plupart des photographes amateurs utilisent des pellicules en couleurs qui doivent être développées et tirées, procédé qui revient bien plus cher que le film lui-même.

La qualité ? Non plus; la plupart des photographes ne sauraient faire la différence. A supposer qu'il soit possible de fabriquer une pellicule en couleurs dont la différence de qualité pourrait être démontrée, le premier fabricant mondial de pellicules en couleurs (Kodak) ne resterait pas à la traîne pendant longtemps.

N'essayez pas de trouver une faiblesse proprement dite. Examinez le problème sous tous ses angles et observez les forces de Kodak. Quels sont les domaines dans lesquels Kodak est fort dans le secteur des pellicules photographiques ?

Tous les domaines. L'omniprésence de la petite boîte jaune constitue l'une des forces principales de Kodak.

Quel que soit l'endroit où vous êtes, vous pouvez être assuré de pouvoir trouver une pellicule Kodak; dans la quasi-totalité des supermarchés, des drugstores, des kiosques à journaux et des magasins de bonbons des Etats-Unis. Rien que dans ce pays, il existe presque 200 000 concessionnaires Kodak. Et les instructions sont rédigées en huit langues.

Le fait de pouvoir se procurer des pellicules Kodak dans le monde entier constitue un énorme avantage pour le photographe. Vous pouvez acheter une pellicule Kodak dans n'importe quel endroit au monde. Etant donné que les photographes affectionnent le choix d'une marque standard, ils optent évidemment pour Kodak.

Quelle est le point faible inhérent à cette force ? Si vous observez la boîte, vous verrez une inscription : «date limite de développement». La marque Kodak est aux pellicules photographiques ce que le Brie est au fromage et Chiquita aux bananes. Une fois fabriquées par Kodak, les pellicules «ne sont pas mûres»; elles mûrissent sur les étagères. Si la pellicule est trop mûre, les épreuves sont décolorées, parfois même rosâtres, provoquant toujours une grande déception.

La société Kodak doit payer le prix de son omniprésence en étant obligée de s'accommoder du processus de maturation qui a lieu à température ambiante.

Tout comme les bananes, les pellicules en couleurs peuvent être fabriquées «mûres». Mais, contrairement à la banane, la pellicule couleurs restera dans cet état-là si on prend soin de la conserver dans un endroit réfrigéré. (C'est la raison pour laquelle la pellicule Kodak est fabriquée mûre et conservée dans un endroit réfrigéré jusqu'à ce qu'elle soit vendue.)

De sorte que la stratégie offensive d'un concurrent de Kodak consisterait à lancer la première pellicule en couleurs réfrigérée au monde et destinée aux amateurs. Puis, il faudrait lui donner un nom tel que «Vraicouleur» qui laisserait sous-entendre que la pellicule ne s'est pas abîmée pendant qu'elle se trouvait sur l'étagère avant d'être achetée.

Bien sûr, vous ne pourriez pas vendre des pellicules Vraicouleur dans la majorité des 200 000 magasins Kodak américains, car un grand nombre d'entre eux ne disposent pas d'équipement de réfrigération.

Soit, mais de toute façon ces magasins assurent l'exclusivité de Kodak. A quoi leur servirait une autre marque ?

Le lieu propice pour vendre des pellicules Vraicouleur est le rayon des produits congelés des supermarchés. Vendez-les par paquets de six en recommandant aux clients de les garder au réfrigérateur jusqu'à leur utilisation.

Sait-on jamais ? Un jour viendra peut-être où votre réfrigérateur sera équipé d'un compartiment réservé aux pellicules.

Mais, il faut que quelqu'un examine d'abord la valeur potentielle du concept Vraicouleur qui a déjà été mis au frigidaire par 3M, numéro 2 américain de la fabrication de pellicules. Certes, elle occupe une seconde place bien éloignée.

On peut utiliser le même type de raisonnement pour n'importe quelle grande marque omniprésente. Comment pourriez-vous vous opposer à la soupe Campbell par exemple ? Par le contenu ? Par le prix ? N'y pensez pas. En fait, oubliez le contenu de la boîte de conserve pour ne songer qu'à la boîte proprement dite. Voilà le point vulnérable de Campbell.

Les boîtes de conserve s'oxydent. Et la société Campbell possède un équipement de fabrication de boîtes de conserve d'une valeur estimée à des centaines de millions de dollars, dont elle ne peut se défaire facilement. Cela ne devrait pas gêner un nouveau concurrent, qui pourrait essayer le plastique, le verre ou l'emballage aseptisé, puis s'amuser à «mettre Campbell en boîte».

Selon nos prévisions, aucune entreprise n'adoptera ces principes dans un proche avenir. Les bonnes idées offensives sont extrêmement difficiles à vendre, car elles sont négatives par nature. Elles vont à l'encontre du penchant naturel de la plupart des managers, qui sont plutôt enclins à la «réflexion positive».

De l'intérêt d'être borné

Federal Express était une autre idée difficile à exploiter. Le professeur de sciences économiques de Fred Smith à Yale sanctionna le mémoire de ce dernier consacré au concept de Federal Express par une note moyenne.

Mais M. Smith ne fut pas découragé pour autant. En effet, dix ans plus tard, son entreprise de colis express, Federal Express, devint une affaire rentable… après avoir effectué un investissement de *venture capital* d'un montant de 80 millions de dollars.

Il faut reconnaître qu'elle bénéficiait de nombreux avantages. Au départ, le système avait été conçu uniquement pour l'envoi de colis et de plis pesant moins de 30 kilos. Ce fut le premier service de livraison aérienne basé uniquement sur un dispositif de centralisation et de convergence. Rien n'était transporté d'un point à un autre; tous les colis étaient dirigés vers un point central situé à Memphis, où ils étaient triés puis réexpédiés par avion.

Le concept de la centralisation et de la convergence constitue une percée technologique comparable à l'utilisation de l'arc anglais à Crécy en 1346.

La société Federal Express a eu beau utiliser l'arc anglais dans sa version Memphis, elle ne remporta pas un succès immédiat. Elle essaya d'abord de concurrencer des transitaires tels qu'Emery et Airborne en proposant trois catégories de service : priorité numéro un, priorité numéro deux ou priorité numéro trois (autrement dit, le client avait le choix entre une livraison le lendemain, dans deux jours, ou dans trois). La publicité de Federal Express disait en substance : Nous avons nos propres avions et camions, c'est la raison pour laquelle nous sommes plus fiables et moins chers».

Ce fut une erreur. Les pertes subies au cours des deux premières années s'élevèrent à 29 millions de dollars. Un leader ne peut se payer le luxe de commercialiser une gamme complète. Principe offensif numéro 3 : *Il faut lancer l'attaque sur un front qui soit le plus étroit possible.*

Puis Federal Express réorganisa et modifia sa stratégie de marketing. Son point de mire : la priorité numéro un. «Chaque fois qu'il faut absolument et à tout prix que votre colis arrive à destination le lendemain», annonçait le spot publicitaire diffusé massivement à la télévision et qui constitua la pierre angulaire de la nouvelle stratégie.

Les résultats obtenus après quelques années grâce à l'application de cette étroite stratégie furent spectaculaires. Actuellement, Federal Express domine le marché du transport aérien des petits colis. Le montant de son résultat d'exploitation annuel s'élève à plus d'un milliard de dollars, soit autant que ceux d'Emery et d'Airborne confondus.

De l'inconvénient d'être large d'esprit

La société Management Science America, principal fournisseur de logiciels pour gros ordinateurs, est une entreprise qui a compris l'importance d'attaquer avec un seul produit. Elle essaya de se lancer dans le secteur des logiciels pour ordinateurs personnels en rachetant Peachtree Software.

Mais MSA géra la société Peachtree à la manière dont on gère un leader, et non pas comme un «suiveur». Une des manœuvres types de Peachtree consista à lancer vingt-cinq logiciels différents dans le cadre d'une campagne appelée «Big Bang». Le président de MSA prétendit fièrement qu'en vantant la qualité d'une famille de programmes de micro-ordinateurs, Peachtree parviendrait à devancer certaines sociétés, comme par exemple Lotus Development, largement dépendante d'un seul produit leader tel que 1-2-3.

Peachtree lança son Big Bang dans le cadre d'une importante campagne de marketing, composée d'un vaste programme publicitaire. Pourtant, moins de deux ans après, MSA déclara que son entreprise de logiciels pour ordinateurs personnels avait été un échec et annonça qu'elle vendrait ou abandonnerait son opération Peachtree.

Qui pis est, alors que toute l'attention de MSA était absorbée par Peachtree, elle perdait du terrain dans son secteur logiciels pour gros ordinateurs. A l'heure actuelle, Cullinet Software progresse plus rapidement que MSA et la talonne.

L'attaque d'un monopole

Les monopoles paraissent particulièrement forts. Mais si vous trouvez une faiblesse inhérente à leur force, vous pouvez attaquer avec succès une société détentrice de presque 100 pour cent du marché.

Prenez par exemple le *Wall Street Journal,* qui tire à deux millions d'exemplaires. Non seulement le *Journal* est la publication la plus importante d'Amérique, mais il comporte également plus de publicité que tout autre medium de presse. C'est une cible bien tentante, n'est-ce pas ? Mais personne ne veut prendre le risque.

Nous allons nous y risquer verbalement. Comment le *Wall Street Journal* est-il devenu si important ?

En faisant appel à de grands écrivains ou en publiant de grands éditoriaux, diriez-vous. Aussi pourriez-vous envisager d'attaquer le *Journal* en améliorant la qualité de vos éditoriaux; mais ce n'est pas un bon raisonnement militaire. Car un bon général doit le moins possible compter sur la qualité de son personnel pour s'assurer une victoire de grande envergure. Il doit rechercher une supériorité relative au point décisif.

Un bon général de marketing ne doit pas essayer de publier de meilleurs articles que ceux du *Journal*.

Mais comment le *Journal* est-il devenu une publication si importante ? Si vous l'examinez de près, vous vous apercevrez qu'il s'agit en fait d'une fusion de deux journaux : un journal économique composé d'articles relatifs aux nouveaux produits, nouvelles usines et campagnes de marketing, etc., et un journal financier composé d'articles relatifs aux actions, obligations, revenus des sociétés, etc.

La preuve en est qu'après avoir découpé dans le *Journal* les articles à caractère économique d'une part et les placards publicitaires d'autre part, et après avoir empilé les articles financiers d'un côté et les placards pu-blicitaires de l'autre, on s'est aperçu que ces deux piles étaient à peu près de même hauteur.

Par quel côté devez-vous l'attaquer ? Le nom «Wall Street» positionne le *Journal* comme étant une publication financière. De sorte que le côté commercial serait un meilleur point d'attaque.

«*Business Times*, le quotidien économique», serait un nom adéquat qui permettrait de positionner la publication de manière appropriée. Les lecteurs intéressés par les nouvelles économiques ne seraient pas obligés d'avoir à parcourir des articles fastidieux concernant par exemple les nouvelles obligations municipales à $10 \, 3/8$ pour cent de la ville de Chattanooga. En outre, le publicitaire commercial n'aurait pas à payer les frais de tout ce gâchis journalistique. (Au prix de 75 355,38 dollars la page, le coût d'exploitation d'un programme publicitaire dans le *Journal* peut s'élever très rapidement.)

La stratégie de *Business Times* émane directement de l'application des trois principes de la guerre offensive. Principe numéro 1 : *Il faut surtout tenir compte de la position occupée par le leader.* En d'autres termes, vous devez mobiliser votre attention sur la position du *Journal* et non pas sur la vôtre.

Principe numéro 2 : *Il faut trouver une faiblesse dans la force du leader et l'attaquer à ce point-là.* A l'instar de ce que représentent les autres monopoles, le *Journal* est devenu la source d'information de tout le monde. C'est une force qui pourrait devenir une faiblesse.

Principe numéro 3 : *Il faut lancer l'attaque sur un front qui soit le plus étroit possible.* Un quotidien économique attaquerait le *Journal* sur la ligne médiane du front.

Mais le lancement de *Business Times* ne coûterait-il pas 50 à 100 millions de dollars ? Si, mais cette somme est inférieure à celle dépensée par Gannet pour le lancement de *USA Today,* les chances de réussite de cette entreprise étant du reste bien moindres que celles de *Business Times.*

USA Today est une attaque de flanc lancée contre un marché incertain. Alors que *Business Times* se lancerait à l'assaut d'un marché qui représente un quart de milliard, rien que pour le revenu de la publicité.

Vous pouvez vous permettre de dépenser davantage pour une attaque offensive, car vous savez que le marché existe. Alors qu'une attaque de flanc est toujours une entreprise hasardeuse.

Chapitre 9

Excellent. *Note à retenir.*

Les principes de la guerre d'attaque de flanc

> *La poursuite de l'offensive est un deuxième acte de victoire et, dans de nombreux cas, elle est plus importante que la victoire elle-même.*
>
> Karl von Clausewitz

Pour la plupart des directeurs de marketing, l'offensive et la défensive sont des stratégies naturelles. Le leader se défend, alors que tous les autres concurrents attaquent. Alors quoi d'autre ?

La guerre d'attaque de flanc. Il se peut que la majorité des directeurs considèrent la guerre d'attaque de flanc comme étant un concept militaire dépourvu d'applications pour le marketing. Il n'en est rien, car ce concept est la méthode de guerre de marketing la plus innovatrice.

La plupart des chefs militaires consacrent beaucoup de temps de planification à la recherche de méthodes permettant de lancer des attaques de flanc. La dernière grande victoire remportée par les Américains est due à une attaque de flanc : les débarquements de MacArthur à Inchon en 1950. De telles attaques ne sont pas toujours couronnées de succès, comme en témoigne la défaite d'Anzio six ans plus tôt.

Une attaque de flanc est considérée comme une manœuvre courageuse, tant du point de vue du marketing que militaire. C'est un pari dont l'enjeu est considérable et pour lequel il faut dresser des plans détaillés des opérations quotidiennes, heure par heure.

Vous pourriez faire remarquer qu'un général accepte les missions offensives et défensives qui lui sont confiées dans le cadre de ses fonctions, tout en espérant un jour être choisi pour mener une attaque de flanc, moyen inégalé pour remporter une victoire éclatante.

Plus que dans tout autre type de guerre, pour mener une attaque de flanc il faut connaître ses principes et être capable d'anticiper le déroulement de la bataille aussitôt qu'elle est déclenchée, qualité comparable à la perspicacité d'un bon joueur d'échecs.

BONNE STRATEGIE.

Principe d'attaque de flanc numéro 1

Une attaque de flanc en règle doit être menée contre une zone non convoitée.

Vous n'allez pas larguer vos parachutistes au-dessus d'une unité de mitrailleuses ennemies. De même qu'il ne faut pas lancer une attaque de flanc et tomber directement entre les griffes d'un produit «installé» sur son marché.

Pour lancer une attaque de flanc, il n'est pas obligatoire d'avoir un produit qui soit différent de tous les autres présents sur le marché. Mais ce produit doit, dans une certaine mesure, être nouveau ou exclusif. Le prospect doit pouvoir vous classer dans un nouveau secteur.

Digital Equipment lança une attaque contre IBM avec un petit ordinateur que la clientèle classa dans une nouvelle catégorie appelée «mini-ordinateurs», par opposition aux gros ordinateurs IBM.

Cela n'est peut-être pas évident, mais le succès d'une attaque de flanc dépend souvent de votre capacité de création et de gestion d'un secteur distinct. Ce n'est pas toujours facile, d'autant plus que le défenseur peut anéantir les effets de l'attaque en faisant obstruction au développement du nouveau secteur.

Dans la théorie traditionnelle du marketing, cette approche porte le nom de *segmentation;* la recherche de segments ou de créneaux. Cette aptitude revêt une importance considérable, car pour lancer une véritable attaque de flanc, il faut être le premier à occuper le segment; sinon cela équivaut tout simplement à une offensive contre une position défendue.

Ce sont deux types d'attaque différents. Une colline ou un segment de marché non défendu peut être conquis par une brigade; alors que si cette colline ou ce segment est défendu, il faut des efforts massifs de toute une division pour le conquérir.

Il faut une perspicacité exceptionnelle pour lancer des attaques de flanc, car dans une telle opération il n'existe aucun marché établi pour votre nouveau produit ou service.

C'est un coup dur pour les petits seconds de la classe qui n'ont aucune donnée à introduire dans leur ordinateur... Lorsque Miller attaqua le secteur de la bière avec Lite, existait-il un marché pour la bière non alcoolisée ? Absolument pas.

De nos jours, les Américains boivent 35 millions de tonneaux de cette boisson, brassée en majeure partie par Miller.

Commercialiser un produit pour lequel il n'existe aucun marché est une rude tâche pour un spécialiste du marketing traditionnel. Mais c'est exactement ce que vous devez essayer de faire si vous voulez lancer une attaque de flanc réussie.

Où trouver des affaires si, dès le départ, il n'existe aucun marché ? Auprès de vos concurrents, que vous attaquerez par les flancs. La dislocation des forces ennemies est l'essence d'une attaque de flanc réussie. Elle peut créer une puissante force vive que vos concurrents auront beaucoup de mal à enrayer.

Lorsque la société Mercedes-Benz lança une attaque de flanc contre Cadillac en écrémant le marché de l'automobile, elle parvint à décoller plus facilement grâce précisément aux acheteurs de Cadillac. Après tout, ceux-ci ne sont-ils pas habitués à acheter «ce qu'il y a de meilleur» ? Seul le lancement de la Seville vendue à un prix plus élevé permit à Cadillac de sortir de l'ornière.

Principe d'attaque de flanc numéro 2

La surprise tactique doit être un important élément du plan.

L'attaque de flanc est, par nature, une attaque surprise. A cet égard, elle diffère par rapport à une guerre offensive ou défensive dans laquelle la nature et la direction des attaques peuvent, dans une large mesure, être anticipées. (Si Ford envisage d'attaquer General Motors, il doit le faire sur une ligne de produits située entre Chevrolet et Cadillac.)

Mais l'attaque de flanc est différente. Les attaques de flanc les mieux réussies sont celles auxquelles l'adversaire ne s'attend absolument pas. Plus l'effet de surprise est grand, plus le leader prendra du temps pour riposter et essayer de se défendre.

L'effet de surprise peut également démoraliser les concurrents. Leurs vendeurs sont frappés de stupeur et restent souvent perplexes tant qu'ils n'ont pas reçu de directives de leur quartier général.

Malheureusement, les grandes attaques de flanc sont fréquemment affaiblies par des marchés-tests ou par un nombre excessif d'études, qui laissent la stratégie à découvert face aux concurrents.

L'exemple classique est Datril. Cette marque n'a jamais eu la moindre chance de réusssite car ses marchés-tests alarmèrent la société Johnson & Johnson quant au danger potentiel auquel elle était exposée.

Envisager un marché-test pour une éventuelle attaque de flanc est un projet insensé. Si ce test échoue, il échoue tout simplement. Mais s'il réussit, il sonne l'alarme pour le leader; celui-ci peut ainsi prendre les mesures nécessaires pour faire échouer ce marché-test lors de son lancement sur le plan régional ou national.

Et que se passera-t-il si le leader réagit bêtement en faisant peu de cas de la réussite de votre marché-test ? Alors, bien sûr, vous auriez la possibilité de lancer votre produit ou votre service sur le plan national et d'en faire un grand champion. Autrement dit, touchez du bois en espérant que vos concurrents ne s'apercevront de rien.

Vous aurez peut-être de la chance. Mais, prendre un tel risque c'est transgresser un principe fondamental de la planification militaire : il faut baser votre stratégie sur ce que votre ennemi est capable de faire et non pas seulement sur ce qu'il serait susceptible de faire.

Principe d'attaque de flanc numéro 3

La poursuite de l'offensive joue un rôle aussi décisif que l'attaque proprement dite.

Il s'agit du principe dit des grands moyens. «Sans poursuite de l'offensive aucune victoire ne peut avoir un effet durable», déclare Clausewitz.

Cependant, trop de sociétés relâchent leurs efforts dès qu'elles ont gagné du terrain. Après avoir atteint les objectifs de marketing qu'elles se sont fixées, elles affectent leurs ressources à d'autres opérations.

C'est une erreur à ne pas commettre, surtout dans une attaque de flanc. Connaissez-vous l'ancienne maxime militaire selon laquelle il faut consolider ses succès et abandonner ses échecs ?

Imaginons le cas d'une société qui commercialise cinq produits, dont trois qui «marchent» et les deux autres qui sont en perte de vitesse. A votre avis, quels sont les produits auxquels la direction générale consacre le plus clair de son temps et son attention ? Les produits en perte de vitesse. Vous l'aviez deviné !

Alors qu'elle devrait faire le contraire. Il faut se débarrasser des canards boîteux et ravigoter les produits locomotives.

Connaissez-vous un proverbe boursier qui affirme : «Il faut acheter au son du canon et vendre au son du violon...» ?

Cependant, pour des raisons psychologiques plutôt qu'économiques, de nombreuses entreprises ne savent pas comment exploiter leurs succès. Elles ont tendance à ne pas tenir compte de l'avenir et dépensent tout leur budget de marketing en essayant de réparer leurs erreurs stratégiques commises dans le passé.

Lorsque votre produit qui vous a permis d'attaquer par les flancs commence à porter ses fruits, n'hésitez pas à le «pousser» en mettant le paquet. Votre objectif doit être de gagner et de gagner gros.

Dans certaines opérations de marketing, on insiste trop souvent sur les mesures de protection de l'entreprise contre les produits en perte de vitesse. On consacre trop de temps et d'efforts à la protection d'anciens produits et marchés, et pas assez à la consolidation du succès.

Le meilleur moment pour édifier une solide position se situe juste au commencement, lorsque le produit est nouveau et suscite l'enthousiasme de la clientèle, et au moment où la concurrence est rare ou effarouchée. C'est un avantage dont on ne peut bénéficier pendant longtemps.

Les grandes attaques de flanc des dernières années (le détergent en atomiseur Fantastik, le dentifrice Close-Up, la bière Lite) doivent toutes leur succès à de fulgurantes offensives lancées «sur le front» avant la victoire, et non pas après.

Le succès engendre le succès. Il est important d'user de toute sa force de marketing pour faire décoller votre produit, *avant* que le leader ne puisse se défendre et vous dépasser à l'aide d'une panoplie de produits «me-too».

Que faire au cas où vous ne disposeriez pas des ressources nécessaires pour mener une attaque de flanc jusqu'à la victoire ? C'est une éventualité tout à fait envisageable dans de nombreux secteurs : celui de l'automobile, de la bière, de l'informatique, pour n'en citer que trois qui nous viennent spontanément à l'esprit.

Au lieu de lancer une attaque de flanc dans un premier temps, il eût peut-être été préférable de déclencher une guérilla.

L'histoire du marketing contient une quantité innombrable de récits d'attaques de flanc qui furent victorieuses au début et qui pourtant n'aboutirent à rien, faute de moyens permettant de poursuivre ces attaques.

Vous souvenez-vous d'Altair ? Lancé en 1975 par une société appelée MITS, Altair fut le premier ordinateur personnel du monde. Mais la société ne disposait pas des moyens nécessaires pour poursuivre ses efforts. Aussi MITS fut-elle vendue à un conglomérat en 1977, dans lequel elle périclita puis disparut deux années plus tard. Le *pionnier* devint pâture en l'espace de quatre ans. (Ed Roberts, le fondateur de MITS, empocha les bénéfices que lui avait rapportés Altair pour s'acheter une ferme en Géorgie.)

Altair fut à maints égards victime de son propre succès. Le marché monstre qu'il avait créé finit par attirer des joueurs plus puissants disposant de ressources plus importantes que les siennes.

La plupart des sociétés n'auront jamais la possibilité de lancer un ordinateur personnel sur le marché. La majorité d'entre elles devront se résigner au lancement de produits plus banals. Comment détecter des occasions de déclenchement d'attaques de flanc dans votre secteur ? Nous allons passer en revue certaines attaques de flanc types.

Les attaques de flanc s'appuyant sur la stratégie des bas prix

C'est la forme d'attaque de flanc la plus évidente. Cette méthode offre un avantage : celui de l'existence préalable d'un marché. Après tout, connaissez-vous quelqu'un qui a priori ne souhaite pas économiser de l'argent ? Cependant, il faut reconnaître qu'il est bien compliqué de gagner de l'argent en cassant les prix.

Toute l'astuce consiste à réduire les coûts dans les domaines où les clients ne s'en apercevront pas ou auxquels ils n'attachent aucune importance; c'est la méthode «sans superflu».

Il y a quinze ans, Days Inns lança une attaque de flanc contre Holiday Inn sur le marché des motels. Actuellement, la société Days Inns occupe la huitième place au classement des chaînes hôtelières américaines et est l'une des plus rentables.

Budget lança une attaque de flanc contre Hertz et Avis à la base du marché de location de voitures. Actuellement, Budget et National se disputent la troisième place du marché. Notez, toutefois, l'importance du principe des «grands moyens». Après avoir pris la tête, la société Budget amorça un mouvement d'expansion fulgurant. A l'heure actuelle, elle possède plus de 1 200 comptoirs répartis dans 37 pays. Cette poursuite vertigineuse permet à Budget de conserver une solide première place face à des imitateurs partisans de la même politique de bas prix tels que Dollar, Thrifty et Econo-Car.

Et en 1975, une société appelée Savin prit Xerox au dépourvu grâce à ses petits photocopieurs bon marché fabriqués au Japon par Ricoh. Aussitôt, Savin se vanta dans ses slogans publicitaires du fait qu'elle plaçait plus de photocopieurs sur le marché américain que Xerox et IBM réunis.

Dans le secteur des compagnies aériennes, PEOPLExpress vole à haute altitude grâce à sa stratégie classique des bas prix et de la vente «sans superflu».

Les attaques de flanc s'appuyant sur la stratégie des prix élevés

Le psychologue Robert B. Cialdini raconte l'histoire d'une bijouterie de l'Arizona qui n'arrivait pas à vendre un assortiment de turquoises. Juste avant de partir en voyage, la bijoutière gribouilla un petit mot adressé à sa première vendeuse : «Tout dans ce coffret, prix x 1/2», en espérant ainsi se débarrasser des bijoux, même à perte. Lorsqu'elle revint quelques jours plus tard, il ne restait plus un seul article. Tout le lot avait été vendu à un prix deux fois supérieur au prix initial, et non pas à moitié prix; et tout cela parce que la vendeuse avait confondu le nombre 1/2 avec un 2 sur le message écrit à la hâte par sa patronne.

Pour un grand nombre de produits, un prix élevé est un avantage, car il rajoute de la crédibilité. Le slogan publicitaire pour Joy, par exemple, est : «C'est le parfum le plus cher du monde.» L'avantage de Joy, c'est son prix.

Il existe de nombreuses occasions de lancement d'attaques de flanc s'appuyant sur la stratégie des prix élevés. Prenons les pop-corns, par exemple. En 1975, Hunt-Wesson dépensa 6 millions de dollars pour la publicité pour Gourmet Popping Corn d'Orville Redenbacher. (Le total des ventes pour l'ensemble du secteur des pop-corns cette année-là s'éleva seulement à 85 millions de dollars.)

Orville Redenbacher démarra dès que son prix fut deux fois et demie supérieur à celui de la marque leader. Quatre ans plus tard elle devint la marque nationale numéro 1 de pop-corns, malgré l'inscription indiquée sur l'étiquette : «Les pop-corns les plus chers du monde.»

On remarque que même des bastions de bas prix tel que le secteur des supermarchés essaient de pratiquer une politique de prix élevés. On voit s'ouvrir un peu partout des supermarchés pour fins gourmets qui vendent des articles de luxe tels que des langoustines, des truffes et du caviar, en même temps que la de nourriture canine et de la lessive. Grand Union a ouvert, sur la côte Est des Etats-Unis, trente-quatre supermarchés pour fins gourmets appelés The Food Emporium. La mini-chaîne de Minneapolis, Byerly's, comprend six étages avec des couloirs recouverts de moquette et ornés de lustres en cristal. Byerly's est le premier supermarché américain de type «design».

Haagen-Dazs, la glace de qualité supérieure, est un autre exemple classique d'une attaque de flanc réalisée grâce à la stratégie des prix élevés.

Haagen-Dazs fut la première glace à être fabriquée avec un pourcentage élevé de matière grasse. A l'heure actuelle, elle se vend davantage que tous les autres produits de première qualité confondus.

Rares sont les secteurs dans lesquels personne n'a encore réalisé une attaque de flanc s'appuyant sur la stratégie des prix élevés et qui n'a pas été couronnée de succès. Le secteur de l'automobile (Mercedes), le secteur bancaire (Morgan Guaranty), ceux de la bière (Michelob), de l'avion Concorde, des montres Concord; tout produit ou service quel qu'il soit est l'occasion de rêver à un déclenchement d'une attaque par le sommet du marché.

Il existe deux bonnes raisons pour lesquelles les prix élevés sont, du point de vue commercial, une meilleure affaire que les bas prix. La première tient à la tendance du prospect à établir un parallèle entre la qualité et le prix. «La qualité est fonction du prix». La seconde tient au fait que l'on réalise de plus grandes marges bénéficiaires avec des prix élevés. Les marges élevées vous permettent de financer le stade décisif de la «poursuite» d'une attaque de flanc.

Les attaques de flanc s'appuyant sur la stratégie des petits formats

Un exemple type d'une attaque de flanc s'appuyant sur la stratégie des petits formats est la société Sony. Elle fut la première à lancer sur le marché toute une série de nouveaux produits miniaturisés équipés de circuits intégrés, tels que Tummy Television, Walkman, et Watchman.

Mais l'attaque de flanc la plus classique de tous les temps est celle de la Coccinelle. Jamais plus le secteur automobile ne sera ce qu'il était depuis que Volkswagen a attaqué General Motors par les flancs.

General Motors fabriquait de grosses cylindrées, alors que Volkswagen construisait des petites cylindrées.

Les voitures de General Motors étaient à traction avant, alors que celles de Volkswagen étaient à traction arrière.

General Motors fabriquait des voitures de belle apparence, alors que la Coccinelle avait un aspect repoussant.

«Pensez petit», annonçait le slogan publicitaire de Volkswagen lors du déclenchement de l'attaque contre la forteresse Detroit : exemple d'une attaque de flanc classique.

Mais, à la première occasion, la société Volkswagen se mit à voir les choses en grand. Elle lança d'affilée la Wagon huit places, la 411 quatre portes, les berlines 412, la voiture de sport Dasher, et un véhicule de type Jeep que Volkswagen appela le «Modèle dernier cri».

«A chacun sa Volks»*. Le but de ce slogan publicitaire était de faire en sorte que Volkswagen devienne *la* voiture pour tout le monde. Que dit Clausewitz au sujet de cette stratégie ? «Seine Kräfte in einem überwiegenden Masse vereinigt halten. Die Grundidee, überall zuerst und nach Möglichkeit gesucht werden.»

Clausewitz fut l'un des leurs : les directeurs de Volkswagen auraient pu lire ce dicton clausewitzien dans le texte.

La plupart d'entre nous ont dû attendre qu'il soit traduit : «Il faut maintenir les forces concentrées dans une masse écrasante. Voilà l'idée fondamentale vers laquelle il faut toujours tendre de manière prioritaire et le plus loin possible.» C'est probablement le concept clausewitzien le plus cité dans les écoles supérieures militaires du monde entier, et il mérite d'être répété.

Du point de vue du marketing, on peut affirmer que Volkswagen a dispersé ses forces en essayant de regrouper un trop grand nombre de produits différents sous un seul nom; c'est-à-dire dans une formation faible et dangereuse.

La suite des événements était parfaitement prévisible. Ce fut «Tora, Tora, Tora» — ou plutôt Toyota, Datsun, Honda — au moment où les Japonais firent leur percée dans la ligne ténue de Volkswagen.

A un moment donné, la société Volkswagen détenait 67 pour cent du marché des voitures importées vers les Etats-Unis. C'est l'année où elle parvint à vendre 19 fois plus de voitures que l'importateur numéro

---

*   L'anglais donne un jeu de mots : «Different Volks for different folks».

2. Actuellement, elle détient moins de 7 pour cent du marché des voitures importées.

La société Volkswagen est revenue à son point de départ. Elle devint grande en voyant les choses en petit. Puis elle redevint petite en voyant les choses en grand.

Les attaques de flanc s'appuyant sur la stratégie des grands formats

Howard Head, fondateur de la société Head Ski, est également un pionnier de l'attaque de flanc. Après avoir vendu sa société de skis, M. Head s'intéressa au tennis et se mit à voir les choses en grand.

En 1976, Prince Manufacturing, la société de Head, lança la raquette de tennis grand format. Les joueurs l'appelèrent la raquette des «tricheurs». Mais cela n'empêcha pas cette société de dominer le marché des raquettes de qualité. En 1984, elle avait la mainmise sur 30 pour cent de ce marché, qui lui valut d'être classée première de la liste.

Mais Prince — ou plutôt Chesebrough-Pond's qui venait de racheter la société — ne voulut pas s'arrêter là. Aussi lança-t-elle une ligne de raquettes de tennis de moyen format, un quart de fois plus petites que la Prince initiale.

Et l'on peut s'attendre à ce que l'histoire se répète. La société Prince devint grande en voyant les choses en grand. Elle est désormais décidée à voir les choses en petit et par là-même deviendra petite.

«Ils payent les violons et les autres dansent», déclara un vendeur d'articles de tennis.

Les attaques de flanc s'appuyant sur la stratégie des réseaux de distribution

Il existe une autre puissante stratégie qui consiste à attaquer de flanc les réseaux de distribution de vos concurrents. Vous pouvez parfois lancer une telle attaque contre des concurrents solidement retranchés en ouvrant un nouveau canal de distribution.

Autrefois, les montres étaient vendues presque exclusivement dans les bijouteries et les grands magasins. Jusqu'au jour où Timex attaqua par le flancs les marques «installées», en les vendant dans les drugstores.

Avon fut la première société à utiliser le porte-à-porte pour la vente de cosmétiques; manœuvre qui attaqua de flanc plusieurs types de distribution traditionnelle. (Avon suivit la voie tracée par Fuller Brush et d'autres sociétés.)

L'attaque de flanc par la stratégie de la distribution la plus fulgurante fut probablement celle déclenchée par Hanes Corporation. Au début des années soixante-dix, Hanes réussit à marquer des points grâce à L'eggs, un collant bon marché vendu sur les étalages des magasins d'alimentation et les drugstores. Grâce à un nouveau type d'emballage et à une campagne publicitaire bien orchestrée, L'eggs parvint en cinq ans à s'emparer de 13 pour cent de l'ensemble du marché des collants.

NOTE IMPORTANTE

Les attaques de flanc s'appuyant sur la stratégie de la composition et de la forme du produit

Le secteur des dentifrices a changé depuis que Crest de Procter & Gamble a remporté le cachet d'homologation de l'Association Dentaire Américaine et qu'il a été catapulté en première position. Mais certaines marques de dentifrice ont depuis lors réalisé des progrès après avoir déclenché des attaques de flanc s'appuyant sur la stratégie de la composition et de la forme du produit.

La première de ces attaques fut lancée par Lever au début des années soixante-dix, à l'époque où la plupart des dentifrices n'étaient ni plus ni moins qu'une substance pâteuse. Or la société Lever s'avisa qu'un véritable produit d'hygiène dentaire présenté sous forme appropriée exercerait un plus grand attrait sur le consommateur en lui garantissant une haleine plus fraîche. Mais il devait également être composé d'abrasifs pour rendre aux dents toute leur blancheur.

Deux scientifiques de la société Lever découvrirent des abrasifs à base de silice — substance qui n'avait jamais auparavant été utilisée pour le dentifrice — qui permirent de fabriquer une composition transparente sous forme de gel. On l'appela Close-Up : un véritable gel de couleur rouge qui fut rapidement propulsé en troisième position des ventes de dentifrices.

Peut-être allez-vous croire que la formule sous forme de gel fut l'aboutissement d'une heureuse découverte en laboratoire. Vous auriez tort, car le concept de Close-Up, véritable gel de couleur rouge composé d'une substance capable de rendre aux dents toute leur blancheur et d'un produit d'hygiène dentaire, ne fut rien d'autre qu'une stratégie de marketing. Les scientifiques étaient à la recherche de composés pour appliquer leur concept. Et voilà où résident les avantages tactiques d'une bonne réflexion stratégique. Si vous savez ce que vous recherchez, vous le trouvez beaucoup plus facilement.

La prochaine manœuvre à laquelle se livra la société Lever fut tout aussi brillante. Elle décida de rajouter un fluorure à Close-Up. Objectif : les enfants compris dans une tranche d'âge de 6 à 12 ans.

Mais elle ne procéda pas de la même façon que Volkswagen. Lever n'effectua aucune extension de ligne de produits. Elle ne lança pas «Close-Up avec un fluorure», mais une toute nouvelle marque appelée Aim.

Toutes les grandes guerres de dentifrices ont été gagnées ou perdues dans les bouches. Ce sont souvent les enfants qui décident de la marque du dentifrice qui sera utilisé par la famille. Et les enfants optent pour les produits sucrés.

Aim fut un gel sucré composé d'un fluorure, et décolla comme Close-Up. Les deux marques confondues se partagèrent quelque 20 pour cent du marché.

Or une société appelée Beecham démontra qu'il existait plusieurs manières de jouer le jeu du rafraîchissement de l'haleine et de la prévention des caries. Quelques années après l'essor spectaculaire d'Aim, Beecham lança Aqua-Fresh, le dentifrice à double protection. Ce produit était apparemment différent. Aqua Fresh était composé d'une pâte blanche (combat contre les caries dentaires) et d'un gel bleu (pour le rafraîchissement de l'haleine). La différence apparente plus l'idée de la double protection permirent à Aqua-Fresh de faire un bond en avant jusqu'en troisième position, devançant ainsi Aim et Close-Up.

En tant que concept, l'attaque de flanc s'appuyant sur la stratégie de la présentation et de la forme des produits ne se limite pas au dentifrice. Presque tous les produits se prêtent à ce genre de technique.

Prenons par exemple la savonnette. Ce produit — un des premiers à être géré par le marketing — a survécu à toute une gamme d'additifs, à commencer par «l'air qui permet à Ivory de flotter», puis, au fil des années, au parfum (Camay), aux déodorants (Dial), ainsi qu'aux crèmes humidificatrices (Dove). La forme la plus récente est Softsoap, le premier savon liquide.

Softsoap démontre à quel point il est important d'être le premier. A un moment donné, il y avait pas moins de cinquante marques de savons liquides sur le marché. A l'heure actuelle, la plupart des imitateurs de la marque Softsoap ont disparu, lui laissant ainsi le champ libre pour occuper la première position.

Les attaques de flanc s'appuyant sur la stratégie des produits hypocaloriques

Nous vivons une époque où de nombreuses personnes sont atteintes par l'obsession du maintien de la forme physique. Stouffer a donc eu l'idée de lancer «Lean Cuisine», un plat unique congelé contenant moins de 300 calories.

La mode est au jogging. Des clubs de culture physique s'ouvrent un peu partout. Il n'est donc pas surprenant que Lean Cuisine remporta un succès immédiat. En moins d'un an, Lean Cuisine parvint à conquérir 10 pour cent du marché des plats congelés.

Stouffer lança son produit en employant une tactique militaire classique : l'attaque en masse lancée contre le marché, et non pas une stratégie des petits pas, ni en procédant à des marchés-tests.

Le lancement de la campagne publicitaire pour Lean Cuisine fut une vaste et courageuse entreprise. Au cours de la première année, un tiers de l'ensemble des messages publicitaires pour les plats congelés fut consacré à Lean Cuisine.

Conformément à la stratégie classique de la poursuite de l'offensive, Stouffer n'épargne aucun effort pour faire progresser sa marque Lean Cuisine. A mesure que celle-ci progresse, elle domine le marché et entrave efficacement l'essor des concurrents.

Les facteurs favorables à la victoire d'une attaque de flanc

L'attaque de flanc n'est pas une stratégie qui convient aux être timorés ou craintifs. C'est un jeu qui peut vous rapporter soit d'importants bénéfices, soit de grandes pertes. En outre, il faut être clairvoyant et perspicace pour lancer une telle attaque. Existe-t-il un marché pour les raquettes grand format ? Avant que Prince ne lance son opération, il n'en existait aucun.

L'attaque de flanc est souvent considérée par les directeurs de marketing plutôt tournés vers la recherche comme étant un concept particulièrement difficile. C'est la raison pour laquelle ils ont tendance à remplacer la perspicacité par la recherche.

«Auriez-vous acheté une raquette grand format, M. McEnroe ?» C'est une question qu'il ne faut poser à personne.

Les prospects ne peuvent pas savoir ce qu'ils achèteront plus tard, compte tenu du fait que leur éventail de choix sera radicalement modifié.

Une attaque de flanc en règle doit influer sensiblement sur l'éventail des choix.

«Auriez-vous acheté un ordinateur personnel au prix de 2 000 dollars ? » Il y a dix ans, la plupart des gens auraient répondu non. De nos jours, la majorité d'entre eux vont chez ComputerLand pour acheter des ordinateurs Apple ou des IBM PC.

Souvent, pour se lancer dans une attaque de flanc, une entreprise a besoin de la collaboration du leader pour remporter la victoire. Ainsi, c'est en commettant une erreur d'estimation du marché potentiel des ordinateurs personnels que la société IBM permit à Apple de prendre un démarrage en flèche, en lui offrant comme cadeau un délai de quatre ans. A supposer que vous envisagiez de lancer une attaque de flanc, quel est le délai qui vous est imparti ?

Pour se faire une idée de la situation, il suffit de lire les journaux de votre profession. Il est remarquable de constater à quel point les leaders se confient dès que l'on aborde les problèmes d'avenir. S'ils se prononcent publiquement contre la tournure de certains événements, vous pouvez généralement compter sur un délai supplémentaire. Avant de pouvoir vous imiter, ils devront avoir avalé la pilule. Et cela peut prendre un certain temps.

Un autre facteur dont il faut tenir compte : le délai de fabrication. Volkswagen pouvait avoir la certitude que le lancement d'une petite cylindrée par General Motors sur le marché aurait nécessité un long délai. Une simple modification annuelle d'un modèle de voiture prend trois ans entre le stade de la conception et celui de la fabrication. Le lancement d'un nouveau modèle de petite cylindrée demande beaucoup plus de temps encore. C'est en 1949 que la première Volkswagen atteignit la plage de New Jersey. La première Corvair ne sortit des chaînes de fabrication de General Motors qu'en 1959.

Entre-temps les Allemands avaient été rejoints par les Japonais et l'invasion des petites cylindrées battait son plein.

Tout général qui se trouve en position défensive se rend vite compte que les plages d'un pays constituent l'endroit propice pour repousser l'invasion de l'ennemi qui, lorsqu'il débarque, a le dos tourné vers la mer. Il en est de même dans le domaine du marketing.

Malheureusement pour General Motors et pour le reste de l'industrie automobile américaine, lorsqu'ils trouvèrent finalement le temps de riposter à l'invasion des petites cylindrées, les voitures d'importation avaient depuis longtemps quitté les plages américaines en direction des villes.

Chapitre 10

Les principes de la guérilla

Lorsque l'ennemi avance, nous battons en retraite.
Lorsque l'ennemi cantonne, nous le harcelons.
Lorsque l'ennemi bat en retraite, nous le poursuivons.

Mao Tse-Toung

De la Chine à Cuba, en passant par le Vietnam, l'histoire est pleine d'enseignements sur la puissance de la guérilla. Celle-ci fournit également dans les affaires tout un arsenal d'avantages tactiques permettant à des entreprises de petite dimension de s'épanouir dans le monde des géants.

La taille est, bien sûr, un facteur relatif. La plus petite société automobile (American Motors) est beaucoup plus grande que la plus importante entreprise de produits de rasage (Gillette). American Motors doit cependant mener une guérilla, alors que Gillette doit faire une guerre défensive.

La taille de vos concurrents importe plus que la taille de votre propre entreprise. Le secret de la guerre de marketing réside essentiellement dans la capacité d'adaptation de votre tactique en fonction de vos concurrents, et non pas de votre propre société.

Principe de guérilla numéro 1

Il faut trouver un segment de marché qui soit suffisamment petit pour être défendable. Ce segment peut être petit géographiquement, ou en volume, ou en n'importe quel autre aspect difficilement attaquable par une grande entreprise.

L'existence d'une organisation de guérilla ne change en rien les règles mathématiques de la guerre de marketing. (La grande société continue de dominer la petite.) Toutefois, la guérilla s'efforce de diminuer la superficie du champ de bataille afin d'y devenir plus puissante. Autrement dit, elle essaie de devenir un grand poisson dans une petite mare.

La géographie est un moyen classique pour parvenir à cet objectif. En principe, dans toute ville on trouve un grand magasin plus grand que ceux de Sears, un restaurant plus grand que ceux de McDonald's, et un hôtel plus grand que ceux de Holiday Inn.

Le commerçant local adapte sa marchandise, sa nourriture, ou les services qu'il offre aux goûts locaux. Rien de bien nouveau dans ce concept.

En fait, tout aspirant guérillero devrait tenir le même raisonnement dans d'autres situations, où les segments ne sont généralement pas aussi nettement définis.

La société Rolls-Royce, par exemple, mène une guérilla s'appuyant sur une stratégie de prix élevé dans le secteur de l'automobile. Elle domine le marché des voitures dont le prix dépasse 100 000 dollars. En fait, elle possède ce marché.

Il ne viendrait à l'idée de personne de concurrencer Rolls-Royce, car premièrement le marché existant est petit et, deuxièmement, Rolls-Royce, du moins au début, bénéficierait d'un énorme avantage. Les règles mathématiques lui sont favorables.

Avez-vous jamais entendu parler d'une société informatique appelée Computervision ? Eh bien, elle est plus importante qu'IBM… sur le marché des terminaux de CAO (conception assistée par ordinateur). Voilà un exemple de stratégie de guérilla classique, qui consiste à se concentrer sur un créneau ou segment d'un marché que vous être capable de défendre contre les assauts du leader du secteur correspondant.

Dans le domaine de la conception assistée par ordinateur, les parts de marché de la société Computervision et d'IBM sont de 21 et de 19, respectivement. Cette marge, favorable à Computervision, doit être un sujet de préoccupation majeur pour les dirigeants de cette entreprise, qui doivent à tout prix veiller à ce que cette situation se perpétue. Lorsqu'un guérillero perd une bataille sur son «propre territoire», son déclin est proche. Un guérillero a surtout besoin de la notoriété que lui assure l'hégémonie du marché, quand bien même le marché serait petit.

Une campagne de guérilla ressemble à certains égards à une attaque de flanc. On peut, par exemple, affirmer que Rolls-Royce est une société qui pratique une stratégie d'attaque de flanc basée sur des prix élevés. Mais il existe une différence essentielle entre l'attaque de flanc et la guérilla. La première est délibérément lancée à proximité de la position du leader. Elle a pour objectif de s'accaparer ou d'affaiblir la part de marché du leader.

La concurrence de Mercedes-Benz contre Cadillac est un exemple d'attaque de flanc s'appuyant sur la stratégie des prix élevés, et qui a dépossédé la division General Motors d'une part de marché importante; à tel point que Cadillac a dû lancer la Seville pour défendre son territoire.

La société Rolls-Royce est un véritable guérillero. Alors qu'elle pourrait facilement s'emparer des affaires des autres, sa stratégie n'a pas pour objectif d'affaiblir la position d'un concurrent. Le concessionnaire Rolls-Royce pourrait tout aussi bien rafler des affaires à un courtier en obligations municipales ou à un bijoutier qu'à n'importe quel autre concessionnaire d'automobiles.

Le marché d'un guérillero doit être petit; mais jusqu'à quelle limite ? C'est là qu'il faut faire preuve de bon sens. Essayez de choisir un segment assez petit pour vous permettre d'en devenir le leader.

On a plutôt tendance à faire l'inverse; c'est-à-dire à s'emparer du plus grand marché possible. En agissant ainsi vous risquez de faire une erreur.

Il arrive rarement que l'on lise des articles sur des entreprises qui se sont effondrées en contrôlant un marché trop petit. En revanche, on lit souvent des articles sur des sociétés qui se sont morcelées à cause de leur expansion démesurée; ou sur des firmes qui ont lancé des gammes de produits trop larges sur un nombre excessif de marchés et sur un territoire géographique trop vaste.

Parfois, un guérillero ne peut résister à la tentation d'échanger sa stratégie contre une tactique d'attaque de flanc; et ceci afin d'essayer d'accroître sa part de marché en se rapprochant du leader du secteur et en affaiblissant la position de celui-ci. Pourquoi la société Rolls-Royce, par exemple, ne lancerait-elle pas une voiture moins chère et ne raflerait-elle pas des affaires à Cadillac, Mercedes-Benz et BMW ?

C'est essentiellement une question de ressources. Le guérillero dispose-t-il de suffisamment de moyens financiers et d'une infrastructure assez large pour pouvoir intensifier sa concurrence ?

Parfois, oui; mais le plus souvent, ce n'est pas le cas. De temps en temps les guérilleros oublient que, pour étendre leur infrastructure, ils doivent abandonner leur bastion de guérilla et sortir de la clandestinité.

Pourquoi le guérillero ne peut-il conjuguer les deux types de stratégie en conservant sa position de guérilla et en lançant une attaque de flanc ? Pourquoi Rolls-Royce ne continue-t-elle pas à vendre des voitures à 150 000 dollars en même temps que d'autres à 50 000 dollars destinées à assaillir Mercedes par les flancs ?

Cette conception, nous l'avons appelée «le piège de l'extension de ligne de produits». Il n'est pas possible d'attribuer à un nom deux concepts différents. L'idée d'une Rolls-Royce bon marché est de nature à miner la position de voiture haut de gamme qu'occupe cette société. En outre, il arrive assez souvent que le produit bon marché ne se vende pas, car connaissez-vous un client qui souhaiterait acheter une Rolls-Royce à bas prix ?

Non, ne pensez pas que tout cela n'est valable qu'en théorie. Pendant les années trente, Packard lança la Packard Clipper, une version bon marché d'une voiture haut de gamme. Les voitures bon marché se vendirent, mais pas les chères. Le lancement de la Clipper est la raison essentielle pour laquelle l'emblème Packard disparut du marché et entra dans les annales de l'histoire de l'automobile.

Une fois encore, c'est une question de concentration. Compte tenu de sa nature intrinsèque, un guérillero dispose de forces limitées au début. Pour pouvoir survivre, il doit obstinément résister à toute tentation de dispersion de ses forces, qui ne peut mener qu'au désastre.

Principe de guérilla numéro 2

Quelle que soit l'ampleur de votre réussite, n'agissez jamais en leader. La société qui pratique la guérilla commencera à décliner le jour où elle commandera sa première Cadillac limousine pour le président du conseil d'administration.

Les Américains auraient pu gagner la guerre du Vietnam s'ils étaient parvenus à convaincre le Vietcong d'envoyer leurs officiers à West Point pour apprendre à combattre selon les méthodes américaines...

Et la plupart des sociétés de guérilla ont de la chance que leurs leaders ne soient pas d'anciens élèves de Harvard Business School, où l'on étudie les méthodes de marketing de General Motors, General Electric et de General Dynamics.

Nous ne voulons pas insinuer que les étudiants des écoles commerciales américaines ou d'ailleurs ne sont pas excellents. Ils le sont, pour les grandes entreprises, dont ils ont appris l'histoire au cours de leurs études. Mais l'essence de la stratégie et de la tactique de guérilla ne convient absolument pas aux 500 entreprises les plus performantes inscrites au palmarès de la revue *Fortune*.

Pour réussir, une guérilla doit être organisée et planifiée différemment.

Les Etats-Unis ont envahi le Vietnam avec des milliers de cuisiniers, de boulangers, d'employés, de chauffeurs, d'aumôniers et de cadres de relations publiques. Alors que les forces ennemies n'avaient aucun cuisinier, aucun boulanger, aucun employé, aucun chauffeur, aucun aumônier et aucun cadre de relations publiques. Pratiquement chaque soldat ennemi portait un fusil dont il devait se servir pour combattre les Américains, alors qu'une grande partie de ces derniers étaient occupés à des tâches de gestion ou d'approvisionnement, ou étaient au service des combattants. (Qui allait leur préparer leurs petits plats bien chauds après une rude journée sur le champ de bataille ?)

(En 1968, lorsque les Américains avaient une armée de 543 000 soldats au Vietnam, 80 000 d'entre eux seulement étaient des soldats combattants, alors que les autres devaient remplir des fonctions d'approvisionnement et de service.)

Examinons le mode d'organisation d'une grande entreprise. Si l'on prend comme modèle une société classique, on constate que plus de la moitié de ses effectifs doivent exécuter des services pour les autres employés affectés à des activités à l'extérieur, où ils sont aux prises avec le véritable ennemi : la concurrence.

Dans certaines sociétés, il existe des employés qui, pendant des années, ne rencontrent jamais un seul client ni un seul représentant commercial des entreprises concurrentes. Ils sont pour ainsi dire les «cuisiniers et les boulangers» des sociétés américaines.

Les guérilleros doivent exploiter cette faiblesse en plaçant le plus grand nombre possible de leurs employés sur le front. Ils doivent résister à la tentation d'établir des organigrammes, des descriptions de tâches, des plans de carrière et tout autre apparat propre aux entreprises fortement hiérarchisées. Dans la mesure du possible, les guérilleros doivent tous combattre sur le front, et aucun d'entre eux ne doit être un «employé».

Une organisation réduite à sa plus simple expression n'est pas seulement une tactique qui permet de mobiliser un plus grand nombre de troupes pour la bataille proprement dite. Elle permet également d'améliorer considérablement la «vitesse» d'une manœuvre de guérilla lors des ripostes aux changements qui se produisent sur le marché.

«Soyez toujours alertes et rapides !» C'est la recommandation que nous donnons à tous ceux qui veulent établir de solides positions de guérilla.

Un guérillero peut également profiter de sa petite taille pour prendre de rapides décisions. Cela peut représenter un précieux avantage pour les entreprises qui font concurrence à de grandes sociétés nationales et pour lesquelles une «décision rapide» se traduit par un effort collectif de six semaines au lieu des six mois habituels.

Principe de guérilla numéro 3

Soyez prêts à déguerpir sur-le-champ. Une entreprise qui s'enfuit peut ressusciter à un autre moment pour reprendre le combat.

Cette citation est directement extraite de l'œuvre de Che Guevara. N'hésitez pas à abandonner une position ou un produit au cas où la bataille prendrait une tournure défavorable pour vous. Un guérillero ne peut se permettre de gaspiller ses ressources pour une cause perdue. Il doit rapidement abandonner la partie et poursuivre son chemin.

C'est là que réside l'avantage de la souplesse et de l'organisation réduite à sa plus simple expression. Contrairement aux grandes entreprises, les guérilleros parviennent souvent à s'emparer d'une nouvelle position sans coup férir.

Le manque de titres de fonction et de personnel peut également représenter un grand avantage. Supposez que vous soyez le vice-président du département Amérique latine et que votre société essaie de se retirer du marché latino-américain. Vous allez vous battre avec acharnement pour conserver votre poste. Tout remaniement au sein d'une grande entreprise donne systématiquement lieu à des luttes intestines.

Une petite entreprise peut procéder à des changements sans provoquer le moindre remous interne.

Le contraire de déguerpir est de s'introduire. Les guérilleros doivent profiter de leur souplesse pour se lancer à la première occasion sur un marché.

Dans une petite entreprise, la moindre petite idée suffit pour que l'on décide de l'exploiter en lançant un nouveau produit. Alors que dans une grande société, la même idée ira vraisemblablement se perdre à jamais dans d'interminables discussions à tous les niveaux de la hiérarchie.

Robert Gamm, l'importateur de chaussures, ne savait pas où garder ses clefs et sa monnaie pendant qu'il faisait son jogging ou jouait au tennis. Cet inconvénient lui a donné l'idée de lancer KangaRoos, des chaussures de sport munies d'une poche avec fermeture éclair sur le côté. Les ventes montèrent en flèche jusqu'à atteindre presque 75 millions de dollars par an.

Il arrive que le guérillero ait la possibilité de se lancer à l'assaut d'un marché abandonné pour une raison quelconque par une autre entreprise. En agissant rapidement il peut combler le vide avant que le marché ne disparaisse.

Lorsque la société Nalley's Food eut vent du fait que Kraft allait abandonner sa mayonnaise à base de produits artificiels, elle lança neuf jours plus tard son propre produit, similaire à celui de Kraft. International Rubber est une entreprise de Louisville dans le Kentucky qui fabrique maintenant les pneus radiaux les plus chers du marché. Elle les vend par l'intermédiaire des revendeurs de pneus haut de gamme qui se sentirent offusqués lorsque Michelin abandonna son système de franchisage avec un seul concessionnaire par ville.

La guérilla utilisant l'approche géographique

Presque tout produit ou service distribué à l'échelon national peut être attaqué localement; c'est une tactique de guérilla classique.

Business Week, Fortune et *Forbes* sont de puissantes publications économiques nationales. Le lancement d'une nouvelle revue économique nationale ne se ferait pas sans difficulté et reviendrait extrêmement cher. Il faudrait prévoir des millions de dollars, et les chances de réussite seraient faibles. En revanche, on remarque que les publications économiques locales sont en plein essor. Lorsque l'Association des Publications Economiques Régionales fut fondée en 1979, elle avait 19 membres. Cinq ans plus tard, on en comptait 88.

Michael K. Russell, président d'American City Business Journals Inc., qui possède huit journaux, déclare qu'il suffit de disposer d'une somme de 750 000 dollars pour lancer un hebdomadaire.

L'histoire de *Crain's Chicago Business* est l'exemple type d'une guérilla réussie. Lancé en 1978 par Crain Communications, cet hebdomadaire ne devint une affaire rentable que trois ans plus tard. A l'heure actuelle, 40 000 personnes sont abonnées à cette revue, alors que le taux de renouvellement des abonnements atteint le pourcentage impressionnant de 75 pour cent. Les marges bénéficiaires obtenues seraient de l'ordre de 25 à 30 pour cent; ce sont des pourcentages bien encourageants.

Une revue qui tire à 40 000 exemplaires n'est apparemment pas grand-chose comparée à une revue comme *Business Week,* qui tire à 800 000 exemplaires. Mais le grand journal national n'a que 36 000 abonnés dans la région de Chicago. De sorte qu'à Chicago, au moins, *Crain's* est plus puissant que *Business Week.*

La guérilla ne peut modifier les règles mathématiques de la guerre de marketing. Cependant, elle permet de réduire la superficie du champ de bataille de manière à parvenir à une supériorité des forces.

On peut choisir presque n'importe quel secteur pour illustrer le fonctionnement du concept de guérilla. Prenez le secteur bancaire. Dans presque toutes les villes et tous les Etats il existe des petites banques qui doivent apprendre à se battre contre des concurrents plus puissants qu'elles.

A New York, les grandes banques métropolitaines telles que la Chase Manhattan et la Citibank dominent le champ de bataille financier. Cependant, certaines petites banques installées dans des régions géographiques choisies ont obtenu de bons résultats en employant la tactique de la guérilla. La solution consiste à accentuer son approche locale, en commençant par le choix du nom. Des banques comme United Jersey et Long Island Trust illustrent ce type de stratégie.

Dans le secteur du transport aérien, un certain nombre d'opérations de guérilla ont décollé. Certaines d'entre elles ont réussi, mais la plupart tombent en panne dès qu'elles essaient d'agrandir leur base d'opérations. Air Florida et Midway sont deux exemples récents de ce phénomène.

La société PEOPLExpress démarra en lançant une guérilla à la base du marché; puis elle acheta un grand nombre d'avions supplémentaires et inaugura beaucoup d'autres itinéraires. En somme, elle passa de la guérilla à la guerre d'attaque de flanc, en sacrifiant la souplesse qui au début l'avait aidée à décoller. Etant donné qu'elle ne dispose pas de ressources identiques à celles d'American, d'United et de Delta, l'avenir de PEOPLExpress ne sera pas sans nuages.

La guérilla utilisant l'approche démographique

Il existe une autre tactique de guérilla classique qui consiste à s'adresser à un segment spécifique de la population. Ce segment correspond à une catégorie de personnes triées en fonction de leur âge, leur revenu, leur profession, etc.

La revue *Inc.* est un exemple type de guérilla démographique. Il s'agit du premier magazine national destiné aux petits commerçants, qui a connu un succès phénoménal depuis son lancement en 1979. Dès sa première année de parution, *Inc.* comportait 648 pages de publicité, soit une valeur de 6 millions de dollars; aucune autre revue n'a jusqu'à ce jour réussi à obtenir de meilleurs résultats au cours de sa première année de diffusion.

Inc. doit son succès à la perspicacité de son fondateur, Bernard A. Goldhirsch. Un jour, celui-ci s'aperçut que les revues économiques nationales étaient différentes de ce qu'elles étaient en apparence. *Business Week* devait en fait s'appeler *Big Business Week*. Avec une diffusion nettement inférieure à un million d'exemplaires, *Business Week* ne touche qu'un petit pourcentage des 5 millions de sociétés implantées aux Etats-Unis. *Inc.* fut la première revue à exploiter le marché des petits commerçants.

Certains guérilleros utilisent à la fois l'approche géographique et l'approche démographique. Le magazine *Avenue,* un autre exemple de succès de marketing, ne touche que les personnes à hauts revenus de l'île de Manhattan.

La guérilla utilisant l'approche par secteurs

Il existe une autre stratégie classique de guérilla qui consiste à se concentrer sur un certain secteur industriel. Dans le domaine de l'informatique, par exemple, cette stratégie est connue sous le nom de marketing vertical.

Certaines sociétés informatiques choisissent un secteur — par exemple celui de la publicité ou de la banque, ou de l'impression des messages publicitaires —, puis elles mettent au point un système informatique permettant de résoudre les problèmes auxquels sont confrontés l'un ou l'autre de ces secteurs. Ces systèmes sont parfois composés d'un matériel et de logiciels spéciaux.

Triod Systems de Sunnyvale en Californie a mis au point un système informatique permettant de résoudre le problème complexe des inventaires auxquels sont confrontés les grossistes de pièces détachées pour automobile. (Un grossiste stocke généralement 20 000 pièces et gère son inventaire grâce aux crédits de ses fournisseurs.) Les revenus de Triod, qui est désormais côtée en bourse, s'élèvent à plus de 10 millions de dollars par an : c'est un résultat de ventes assez considérable pour une opération de guérilla.

Pour réussir, une guérilla utilisant une approche par secteurs doit être menée sur un front étroit et profond plutôt que large et superficiel. Dès qu'une guérilla de secteur se met à adapter son système à d'autres secteurs, elle doit s'attendre à des problèmes.

La guérilla utilisant l'approche par produits

De nombreux guérilleros gagnent de l'argent en se concentrant sur des petits marchés et en vendant des produits uniques en leur genre. Leurs ventes ne deviennent jamais assez importantes pour attirer la convoitise des grandes entreprises du même secteur.

Au cours des dix dernières années, par exemple, American Motors a vendu un peu plus de 100 000 Jeeps par an, alors que pendant la même période, General Motors a vendu dix-huit fois plus de Chevrolet. Alors, quel intérêt la société General Motors aurait-elle à lancer une voiture du type Jeep qui ne serait vendue qu'à 30 ou 40 000 exemplaires par an ?

Malheureusement, American Motors manque de perspicacité sur le plan de la réflexion militaire par rapport à General Motors. L'argent que American Motors gagne en vendant ses Jeeps est gaspillé pour les Alliance, Encore et d'autres voitures conçues pour concurrencer les Chevrolet.

American Motors doit son plus grand succès dans le secteur des voitures de tourisme à l'Eagle, une berline à quatre roues motrices du type Jeep. Autrement dit, ce produit profite de l'avantage de la position de la Jeep.

Tandem Computers est un autre exemple de guérilla utilisant un produit unique en son genre. Tandem fabrique des ordinateurs perméables aux erreurs pour le traitement de transactions en temps réel. Appelé système NonStop, l'ordinateur est composé de deux processeurs, l'un remplaçant l'autre en cas de panne.

La guérilla
utilisant la stratégie de l'écrémage du marché

Dans la société d'abondance dans laquelle nous vivons, il existe de nombreuses entreprises de guérilla qui opèrent sur le marché du haut de gamme : les pianos Steinway, les montres Concord, les robots culinaires Cuisinart, pour n'en citer que trois.

Le modèle Cuisinart, qui coûte 250 dollars, est un exemple type d'article cher permettant de faire progresser les ventes. Quatre fois plus cher que des modèles fabriqués par des sociétés connues telles que General Electric, Sunbeam ou Waring, le modèle Cuisinart présente certaines caractéristiques et gadgets supplémentaires justifiant la différence de prix.

Un bon nombre de guérilleros potentiels hésitent à se lancer à l'assaut du marché. En effet, ils craignent que l'attrait qu'exerceraient leurs marques sur les consommateurs ne soit suffisamment puissant pour justifier les prix extravagants auxquels ils envisagent de vendre leurs produits.

C'est la raison pour laquelle ils adoptent un compromis en les lançant à des prix moins élevés, quitte à fabriquer des produits de moins bonne qualité. Finalement, ceux-ci n'exercent pas l'attrait escompté sur la clientèle et se vendent en quantités insuffisantes.

En fait, ces guérilleros confondent la cause et l'effet. L'attrait du produit n'est pas la cause qui a pour effet de créer la demande de la clientèle et des ventes élevées; ce sont la qualité supérieure et le prix élevé qui sont les causes qui ont pour effet de susciter l'attrait qui, à son tour, crée la demande.

Les prix élevés provoquent un phénomène dit de «visibilité» dans le système de distribution. «As-tu vu à quel prix est vendu cet article ?» s'étonne le consommateur en se demandant pourquoi il est si cher. C'est à ce moment qu'il faut informer le prospect des caractéristiques du produit qui justifient son prix.

Mais il faut que vous soyez le premier. Sauf si, contrairement à la majorité des guérilleros, vous disposez de ressources illimitées, vous devez être le premier à occuper le territoire du haut de gamme. Aucune société, avant Cuisinart, ne vendait des robots culinaires à 250 dollars.

Il faut avoir la foi et le courage pour devenir un guérillero de l'écrémage du marché, être confiant dans l'avenir de votre innovation et avoir le courage de lancer un produit de marque inconnue.

Les futurs guérilleros de l'écrémage du marché essaient souvent de trouver également un compromis pour les noms de leurs produits. Etant donné qu'ils ont l'intention de les vendre à des prix élevés, ils leur attribuent des noms connus, par mesure de sécurité. Voilà, bien sûr, un nouvel exemple du «piège de l'extension de ligne de produits» qui menace en permanence la réussite de l'entreprise. Un nom de produit ne peut représenter deux stratégies différentes.

Hormis les produits de luxe tels que les voitures de sport à 500 000 francs et les montres à 50 000 francs, on peut mener une guérilla d'écrémage du marché avec une multitude d'articles. Mais les vraies occasions se trouvent parmi les produits de première nécessité.

Combien de personnes peuvent se permettre d'acheter une Ferrari ? Très peu. Mais qui a les moyens de payer 30 francs pour une livre de sel (vingt fois son prix normal) ? Presque tout le monde.

L'astuce dans ce type de guérilla n'est pas de vendre du sel à 30 francs la livre, mais de trouver un ingrédient spécial qui puisse justifier son prix. (Voir la méthode d'approche d'Orville Redenbach pour réussir en marketing.)

La formation d'alliances

La formation d'alliances est une stratégie couramment pratiquée dans de nombreux secteurs, notamment lorsqu'il s'agit d'affronter des hordes redoutables de guérilleros locaux. L'exemple type de stratégie est le franchising, qui réunit sous un seul nom une chaîne nationale d'entreprises, mais dont chaque établissement est exploité par un propriétaire local. Cette stratégie peut être mise en œuvre en appliquant l'une des méthodes suivantes : la concession ou le commerce associé.

Les réseaux de concessions élaborent des plans stratégiques que les responsables commerciaux locaux doivent appliquer. Les sociétés McDonald's, Pizza Hut, Holiday Inn, Coca-Cola sont des exemples types de ce genre de stratégie. Autrement dit, il suffit de mettre au point un concept puis de recruter une armée de guérilleros qui seront chargés de le mettre en pratique.

Le commerce associé est une méthode plus créative. Il donne parfois des résultats spectaculaires, car le lancement d'une opération de commerce associé nécessite moins de ressources initiales.

La société Century 21 en est un exemple type. Celle-ci recruta des agents immobiliers déjà installés, qui rejoignirent le groupe national pour y échanger des informations sur le marché. Century 21 fut un concept particulièrement ingénieux car une opération immobilière implique souvent des agents immobiliers de deux territoires différents.

La société The Leading Hotels of the World, chaîne composée de 195 hôtels de luxe indépendants, est un autre exemple de société qui doit sa réussite à l'application de la stratégie du commerce associé. Il en est de même de Quality Inns, groupe de 582 motels disséminés à travers le continent nord-américain.

La question principale qu'il faut se poser au moment de la formation des alliances est la suivante : «Qui sont mes concurrents ?» Ce sont parfois vos propres voisins, mais pas toujours.

Il arrive que deux motels situés l'un en face de l'autre se livrent une redoutable concurrence; raison suffisante pour que l'un d'entre eux rejoigne une chaîne telle que Quality Inns. En revanche, on pourrait très bien avoir une situation dans laquelle deux motels situés sur une île des Caraïbes auraient à affronter des concurrents installés sur une autre île, à des centaines de kilomètres de la leur. Dans ces conditions, au lieu de se combattre, ces deux motels auraient intérêt à s'unir dans un effort commun pour vanter les avantages de leur île par rapport à ceux de l'île de leurs concurrents.

A cet égard, on remarque qu'il existe de plus en plus de programmes de commercialisation conjointe, étant donné que les sociétés deviennent plus exigeantes dès qu'il s'agit de trouver une solution permettant d'isoler leurs véritables concurrents. Les principes de la guerre de marketing n'ont pas obligatoirement pour objectif de créer davantage d'hostilités. C'est parfois même le contraire. Nous prévoyons que la coopération sous forme d'alliances entre produits, régions, groupes démographiques ou autres, devrait se développer. Le principe de la force encouragera les guérilleros à se regrouper par instinct de conservation.

Les guérilleros sont partout

Les cinq millions d'entreprises américaines devraient presque toutes mener une guérilla. Les grandes sociétés dominent peut-être l'actualité; il n'en reste pas moins que partout où vous allez vous trouvez un guérillero.

Prenons par exemple l'industrie alimentaire. Ce secteur n'est pas uniquement composé de Kraft, H.J. Heinz et Hershey's. Mais Kraft n'est qu'une seule parmi les 660 sociétés de fabrication de fromage, Heinz une seule parmi les 380 entreprises d'emballage de condiments.

Et à côté d'Hershey's, il existe 864 autres firmes de fabrication de bon-bons.

La plupart des entreprises auraient intérêt à mener une guérilla. Nous pouvons illustrer cela clairement en affirmant que sur 100 sociétés, une devrait jouer en défense, deux à l'attaque, trois devraient attaquer de flanc, et 94 seraient bien avisées d'être des guérilleros.

Chapitre 11

La guerre des colas

Les exemples historiques fournissent les meilleures preuves aux sciences empiriques. Cette vérité s'applique tout particulièrement à l'art de la guerre.

Karl von Clausewitz

Toute étude sérieuse de la guerre repose sur celle de l'histoire. C'est une vérité que Clausewitz et d'autres écrivains n'ont cessé de répéter. Cependant, les gens du marketing consacrent rarement beaucoup de temps à l'histoire du marketing. Ils sont généralement bien trop occupés à suivre l'actualité. Ils estiment que leur rôle est de veiller à ce que leurs produits soient toujours en vogue.

En outre, les livres d'histoire du marketing insistent davantage sur les événements historiques que sur leurs causes. A défaut d'une étude théorique d'ensemble, notre approche est peut-être la meilleure qui puisse être réalisée dans ce domaine.

Un des moyens de tester la validité des principes de la guerre de marketing consiste à étudier l'histoire d'un secteur d'activités économiques, puis à analyser les principales opérations de la concurrence en utilisant ces principes. C'est ce que nous avons fait pour quatre secteurs différents. Ce chapitre est consacré à la guerre des colas qui fit rage pendant des dizaines d'années, opposant les armées de Coca-Cola de la ville d'Atlanta aux bataillons de Pepsi-Cola de la ville de Purchase, dans l'Etat de New York.

Cocaïne et caféine

Le Coca-Cola est une boisson rafraîchissante sans alcool qui fut inventé il y a cent ans par John Styth Pemberton, pharmacien et ex-officier confédéré. A ses débuts, cette boisson avait plutôt pour vocation d'être un médicament exotique breveté, composé de cocaïne extraite de feuilles de coca et de caféine extraite de noix de kola.

Les feuilles de coca étaient l'euphorisant préféré des Indiens de Bolivie qui en mastiquaient en travaillant. D'où le Coca-Bola, un des premiers concurrents de Coca-Cola, lancé par le Dr Mitchell.

Les indigènes d'Afrique occidentale ressentaient le même effet lorsqu'ils mâchaient des noix de kola. «Quelle graine diabolique !», s'exclamaient les membres de certaines sectes qui vivaient dans la sobriété totale.

Coca-Cola fut d'abord et surtout un médicament. «Une délicieuse boisson, pétillante, rafraîchissante et tonifiante; sans parler de ses effets thérapeutiques sur toutes les maladies nerveuses, les maux de tête, les névralgies, l'hystérie, la mélancolie», proclamait une de ses premières annonces publicitaires.

C'est au début du siècle que la chance sourit à la société Coca-Cola. En 1902, avec un budget publicitaire de 120 000 dollars, Coca-Cola devint le produit le plus connu en Amérique. L'année suivante, la société Coca-Cola retira la cocaïne et modifia la formule de manière à ce qu'elle contienne des extraits de feuilles de coca «décomposées». (Mais le Coke décaféiné ne fit son apparition sur le marché que soixante-dix ans plus tard.)

Propulsé par la publicité et par le mouvement en faveur de la tempérance, Coca-Cola se développa rapidement. En 1907, sur 994 comtés des anciens Etats confédérés, quelque 825 avaient prohibé la consommation d'alcool. «La grande boisson nationale des partisans de la tempérance», proclamèrent les annonces publicitaires.

«L'eau bénite du Sud», affirmèrent les pontifes du Nord.

En 1915, un designer de Terre Haute, dans l'Indiana, mit au point un nouveau flacon de 16 centilitres qui confirma la qualité exceptionnelle de Coca-Cola, et qui fut fabriqué à plus de 6 milliards d'exemplaires dans les années qui suivirent.

Le nouveau flacon arriva juste à temps, car les imitateurs commencèrent à montrer le bout de leur nez dans toutes les régions des Etats-Unis. Rien qu'en 1916, pas moins de 153 imposteurs, parmi lesquels Fig Cola, Candy Cola, Cold Cola, Cay-Cola et Koca Nola, furent condamnés par les tribunaux à cesser leurs activités.

Pendant les années vingt, la société Coca-Cola n'eut aucun concurrent sérieux. Elle n'eut qu'un seul sujet de préoccupation : celui d'accroître la consommation de boissons rafraîchissantes sans alcool, qui passa progressivement de 10 litres par habitant en 1919 à 12 litres en 1929. (Actuellement, elle dépasse 150 litres par personne.)

La publicité pour Coca-Cola eut pour objectif de stimuler la consommation. Des slogans publicitaires tels que : «On peut avoir soif à n'importe quelle saison» (1922) et «La pause qui rafraîchit» (1929) en sont des exemples frappants.

«Deux fois plus pour cinq cents, c'est beau !»

La crise des années trente favorisa les concurrents de Coca-Cola, notamment Pepsi-Cola et Royal Crown.

L'idée maîtresse consista à fabriquer des flacons de 30 centilitres vendus au même prix que les bouteilles de Coca-Cola de 16 centilitres.

Pepsi-Cola eut cette brillante idée en 1934, mais ce n'est qu'en 1939, après l'arrivée de Walter Mack, qu'elle fut exploitée dans une rengaine chantée sur l'air de «John Peel», une vieille chanson de chasse anglaise :

Pepsi-Cola désaltère.

Trente centilitres, quelle affaire !

Deux fois plus pour cinq cents, c'est beau !

Pepsi-Cola est la boisson qu'il vous faut.

Cette brillante stratégie fut exécutée de manière spectaculaire. Elle alla droit au but, en remportant un vif succès auprès des jeunes. Pour tout ce qui est bonbons et colas, les enfants préfèrent la quantité à la qualité.

Et tout cela fut réalisé avec un budget publicitaire limité. En 1939, Coca-Cola dépensa 15 millions de dollars pour sa publicité, tandis que Pepsi-Cola ne dépassa pas les 600 000 dollars.

La société Coca-Cola fut alors au pied du mur. Elle ne put augmenter la quantité de ses flacons car cela l'obligeait à mettre au rebut environ un milliard de bouteilles de 16 centilitres. D'autre part, elle ne put casser son prix à cause des centaines de milliers de distributeurs de boissons rafraîchissantes à cinq cents présents sur le marché.

C'est ainsi que Pepsi-Cola réussit à lancer une attaque de flanc classique de pénétration du marché par la base. Mais, qui plus est, Pepsi transforma une opération réussie d'attaque de flanc en une offensive lancée contre l'épicentre même de la force de Coca-Cola.

Principe offensif numéro 2 : *Il faut trouver une faiblesse dans la force du leader et l'attaquer à ce point-là.* L'équipe d'Atlanta était bien entendu persuadée du fait que le flacon de Coke était sa force principale. Ils l'utilisèrent pour chaque slogan publicitaire et allèrent jusqu'à en faire une marque déposée. Raymond Loewy le surnomma «le meilleur mode de conditionnement actuel».

C'est alors que la publicité pour Pepsi-Cola transforma cette force en une faiblesse. En effet, augmenter le format du flacon de 16 centilitres de Coca-Cola, spécialement conçu pour tenir dans la main de la majorité des consommateurs, revenait à fabriquer des bouteilles que seuls des joueurs de basket-ball mesurant deux mètres auraient pu tenir...

Au cours de la seconde guerre mondiale, Pepsi-Cola devint le numéro 2 derrière Coca-Cola, après avoir évincé Royal Crown et Dr Pepper.

Ce que Coke aurait pu faire

Principe défensif numéro 2 : *La meilleure stratégie défensive consiste à avoir le courage de lancer une attaque contre soi-même.* La société Coca-Cola aurait dû s'attaquer elle-même en lançant une deuxième marque de boisson avant que Pepsi n'adopte ce type de stratégie. Le moment idéal pour le lancement de cette deuxième marque, comparable à celle bon marché de Pepsi-Cola, aurait été au début des années trente, au commencement de la crise. (Double Cola, une marque que l'on trouve actuellement sur le marché, aurait été un nom de marque tout à fait approprié.)

Sur le plan théorique, cette opération défensive aurait été similaire à celle lancée par Gillette pour son rasoir Trac II. Elle aurait peut-être connue le même succès. (A l'heure actuelle, Gillette détient une part de marché dans le secteur des rasoirs mécaniques plus importante que la part détenue par Coke dans le secteur des colas.)

Juste après la guerre, on eut l'impression à un certain moment que la chance souriait à Coca-Cola. La situation économique était devenue défavorable à la société Pepsi. Plus le coût du sucre et de la main-d'œuvre augmentaient, plus le prix du Pepsi-Cola grimpait. Il passa d'abord de 6 à 7 cents. Le slogan : «Deux fois plus pour cinq cents, c'est beau», devint «deux fois plus et bien meilleur».

Puis la société Pepsi-Cola modifia sa stratégie commerciale axée sur la vente de boissons rafraîchissantes non alcoolisées et gazéifiées par les distributeurs des débits de boissons; son nouveau produit destiné à la consommation dans les foyers fut la maxi-bouteille de Pepsi. «Ayez de la classe», disait le nouveau thème publicitaire. Pepsi commercialisa désormais ses boissons dans les supermarchés.

Son effort fut récompensé. Au début des années cinquante, Coca-Cola obtint des résultats cinq fois plus performants que ceux de Pepsi-Cola, mais au cours des années soixante, Pepsi réussit à réduire l'écart de moitié.

Combien de temps Coca-Cola pouvait-elle résister face à l'attaque des bouteilles grand format de Pepsi-Cola ? L'heure de vérité sonna en 1954. Les ventes de Coca-Cola chutèrent de 3 pour cent alors que celles de Pepsi augmentèrent de 12 pour cent.

L'année suivante, Coca-Cola lança une *Blitzkrieg* reposant sur une panoplie de bouteilles de 25, 30 et 65 centilitres. Les stocks étant épuisés, la marque de fabrication Coke-en-16-centilitres alla se perdre dans les annales de l'histoire.

Et chaque année, les thèmes des annonces publicitaires pour la société Coca-Cola changèrent en fonction des nouvelles parades mises au point pour réagir à la poussée de Pepsi. 1956 : «Avec Coca-Cola les bonnes choses ont meilleur goût.» 1957 : «La boisson des gens qui ont du goût.» 1958 : «Coca-Cola, la boisson rafraîchissante et pétillante.» 1959 : «La boisson qui désaltère vraiment.» Toutes ces modifications étaient des preuves évidentes de la confusion qui régnait alors à Atlanta.

La génération Pepsi

Ce combat entre les deux géants se termina par un gauche-droite fatal asséné par Pepsi à son adversaire Coca : le droite fut le grand flacon de Pepsi, et le gauche la «génération Pepsi».

La guerre de marketing repose sur un principe offensif clef : trouver une faiblesse dans la force du leader. Quels étaient les points forts de la société Coca-Cola ? Le fait de commercialiser le premier coca et d'être présente sur le marché bien avant Pepsi; deux critères évidents de la force de Coca-Cola. Mais les conséquences furent moins évidentes.

Les personnes âgées avaient plutôt tendance à boire du Coca, alors que les jeunes préféraient le Pepsi. En outre, les bouteilles grand format avaient un pouvoir de séduction sur les jeunes. Aucun adulte ne peut ingurgiter une bouteille de 30 centilitres aussi vite qu'un jeune...

Cette idée se concrétisa pour la première fois en 1961 par le slogan : «Voici Pepsi pour ceux qui pensent jeune !» Mais c'est en 1964 qu'elle décolla grâce au slogan classique : «Réveillez-vous, vous faites partie de la génération Pepsi !»

Cette nouvelle stratégie de Pepsi visait à repositionner la boisson de son concurrent comme étant «déphasée, inabordable et démodée». Cet objectif fut atteint. Mais elle eut également un autre avantage psychologique d'égale importance.

Elle profita des conflits naturels entre générations qui secouaient les familles cibles. Etant donné que le nombre de buveurs de Coca-Cola était supérieur à celui des buveurs de Pepsi-Cola, il était logique que les adultes aient plutôt tendance à boire du Coke que du Pepsi. Les jeunes pouvaient ainsi exprimer leur penchant naturel pour la rébellion en buvant du Pepsi. Cette stratégie est valable en haut et en bas de la pyramide des âges : au fur et à mesure que Coca-Cola enterre ses clients, de nouveaux clients Pepsi naissent.

Pepsi fit également un usage intensif de la musique, forme traditionnelle de rébellion des jeunes adolescents, comme clef de voûte de sa stratégie. Actuellement, Pepsi fait passer des spots publicitaires créés avec la participation de Michael Jackson et de Lionel Richie. Lorsqu'un adolescent voit Lionel Richie il s'exclame : «Comme il est super !» alors que les adultes se demandent : «Mais qui est ce Lionel Richie ?»

Le thème actuel de la publicité pour Pepsi, «La boisson de la nouvelle génération», est également articulé autour de sa stratégie visant à toucher la clientèle jeune, élément clef de son attaque contre Coca-Cola, le boisson consommée par les adultes...

Cependant, à l'instar des autres entreprises, Pepsi-Cola a tendance à dévier de l'axe stratégique qu'elle s'est fixée. Au cours des vingt dernières années, le concept de la «Génération» ne fut utilisé par Pepsi que pendant un tiers du temps; les autres campagnes s'appuyaient sur d'autres thèmes. 1967 : «Le goût pétillant qui désaltère le mieux. Pepsi l'offre en abondance.» 1969 : «Prenez la vie du bon côté avec Pepsi.»

Et en 1983, un slogan serein : «C'est maintenant qu'il faut boire Pepsi !»

La publicité est l'arme stratégique essentielle sur laquelle repose le succès d'une marque de produit de consommation. Il ne faut jamais modifier l'axe stratégique de son entreprise, et surtout pas annuellement. Vous ne pouvez l'infléchir qu'à partir du moment où vous décidez d'adopter une autre forme de guerre de marketing pour la commercialisation de votre produit.

Bien entendu, sur le plan tactique, vous pouvez changer de termes, d'images ou de musique aussi souvent que cela est nécessaire, mais sans changer de stratégie.

Toutefois, les efforts déployés par Pepsi contre la position hégémonique de Coca ne cessèrent de miner la position du leader; en 1985, la société Coca-Cola avait presque perdu sa suprématie face à sa rivale, alors qu'en 1960, elle était deux fois et demie plus puissante.

Les tentatives de comeback de Coca-Cola

Pendant des années, la société Coca-Cola n'a pas saisi la moindre occasion pour empêcher Pepsi de gagner du terrain, en lançant une deuxième boisson dans un plus grand flacon. Le slogan publicitaire de Pepsi-Cola : «Deux fois plus pour cinq cents, c'est beau», pouvait également convenir à un produit Coca-Cola. Coca-Cola vendait des boissons rafraîchissantes, alors que Pepsi-Cola vendait du Pepsi. «La pause qui rafraîchit» et «Tout marche mieux avec Coke» en sont des illustrations.

Mais en 1970, Coca-Cola finit par découvrir la meilleure stratégie qui puisse exister pour un leader : celle de la suprématie proprement dite.

«Le Vrai.» Ce slogan laissait sous-entendre que tous les produits similaires n'étaient que des imitations de Coca-Cola. Ce qui, bien entendu, correspond tout à fait à la réalité.

La stratégie du «Vrai» fut également favorisée par la publicité faite autour de «Marchandise 7X», la formule secrète de fabrication du Coca-Cola. Le nombre de personnes qui connaissent la formule 7X depuis son invention par le Dr Pemberton se comptent sur les doigts de la main. Ce type de publicité représente un moyen d'une valeur inestimable; elle permet de frapper l'imagination des buveurs de cola. Mais «le Vrai» ne dura pas longtemps. 1975 : «Il est temps de relever la tête, l'Amérique !» 1976 : «Rajeunissez avec Coca-Cola.» 1979 : «Coca-Cola vous fait voir la vie en rose !»

C'est en 1982 que Coca-Cola lança son slogan : «Coca-Cola c'est ça», qui battit tous les records d'insipidité.

Voilà des années que la société Coca-Cola a jeté par-dessus bord son slogan : «le Vrai». Néanmoins, elle ne peut venir à bout du concept que ce slogan a engendré dans l'esprit des consommateurs. Si vous leur dites : «le Vrai», la plupart d'entre eux vous répondront : «Coca-Cola». Demandez-leur : «C'est qui, ça ?» Vous verrez combien de gens vous répondront : «C'est Coca-Cola».

Royal Crown : trop petit, trop tard

Royal Crown, le cola numéro 3, essaya à partir de 1969 de reprendre le combat en faisant appel aux services de Wells, Rich, Greene, l'agence de publicité dans le vent cette année-là, et en lançant un important programme publicitaire.

«Nous allons assassiner Coca-Cola et Pepsi-Cola», déclara Mary Wells. «Veuillez nous excuser de parler sur ce ton-là, mais ce sera vraiment une lutte pour la vie.»

Oubliez cette publicité insignifiante pour Royal Crown. On ne peut lutter au corps à corps contre deux grandes marques telles que Coca-Cola et Pepsi-Cola en espérant remporter une victoire. (A l'époque, Pepsi-Cola vendait à elle seule quatre fois plus de bouteilles que Royal Crown. A l'heure actuelle, elle en vend dix fois plus.)

La société Royal Crown a eu ses jours de gloire pendant les années trente, lorsque ses ventes dépassèrent celles de Pepsi-Cola. C'est à cette époque-là qu'elle aurait dû agir, et ne pas attendre 1969; enfin, vous savez ce que c'est : trop petit, trop tard…

Au fil des ans, la part de marché détenue par Royal Crown dans le secteur des colas diminua. Comment riposter lorsqu'on occupe la troisième position du classement, loin des deux premiers concurrents ?

La solution consiste, bien entendu, à changer de type de guerre et de stratégie de marketing. Logiquement, la société Royal Crown devrait devenir un guérillero. Rappelez-vous du premier principe de guérilla : il faut trouver un segment de marché qui soit suffisamment petit pour être défendable.

La société Royal Crown aurait la possibilité de s'installer physiquement dans une certaine région du pays. Eventuellement dans le Sud du pays; c'est là qu'elle est la plus forte. En essayant de livrer bataille à l'échelle nationale avec des moyens limités, elle sera inévitablement dominée par Coca-Cola et Pepsi-Cola. Etant donné que les marques de boissons non alcoolisées sont de plus en plus nombreuses, tôt ou tard il ne restera plus aucune place sur le podium pour un cola numéro 3.

En fait, au début des années soixante, une autre alternative s'offrit à la société Royal Crown.

La Bataille des Ardennes

Royal Crown commença les années soixante en lançant une fulgurante attaque de flanc : Diet Rite Cola, qui prit la concurrence au dépourvu. Ce n'est que trois années plus tard que Coca-Cola lança sa contre-offensive avec Tab, et Pepsi-Cola la sienne avec Diet Pepsi.

Vers la fin de la décennie, Diet Rite était devenu la boisson rafraîchissante diététique la plus vendue. Elle rapportait à Royal Crown la moitié de ses bénéfices.

Principe d'attaque de flanc numéro 3 : *La poursuite de l'offensive joue un rôle aussi décisif que l'attaque proprement dite.* Diet Rite réussit grâce à une vaillante attaque de flanc qui lui fut favorable et à laquelle Coca et Pepsi contribuèrent en temporisant pendant trois ans. L'heure de la décision avait sonné. La société Royal Crown devait-elle continuer à mettre en ligne une gamme complète de colas, ou mobiliser ses ressources pour un produit leader ?

Diet Rite contre Royal Crown ? La Jeep contre les voitures de tourisme ? Apparemment, les managers américains ne tranchent jamais sur ces problèmes stratégiques fondamentaux. Ils préfèrent s'en remettre au marché. C'est la raison pour laquelle ils essaient de combattre sur deux fronts à la fois, les résultats étant on ne peut plus prévisibles.

Diet Rite Cola disparut progressivement dans l'obscurité. Cette marque, qui autrefois dominait le marché des colas diététiques, ne contrôle même plus 4 pour cent de celui-ci. On vend quatorze fois plus de bouteilles de Diet Coke que de Diet Rite.

C'était un combat à armes inégales. Les deux grands utilisèrent les bénéfices que leur rapportèrent la vente de bouteilles de Coca-Cola et Pepsi-Cola pour financer leurs colas diététiques. Royal Crown utilisa les bénéfices que lui rapporta la vente de Diet Rite pour financer des attaques insignifiantes contre les produits des principales marques : Coca-Cola et Pepsi-Cola.

«Il faut maintenir les forces concentrées», déclare Clausewitz. Une fois encore la Bataille des Ardennes nous démontre l'importance de cette maxime militaire fondamentale.

L'attaque de flanc utilisant la stratégie de la boisson sans cola

La société Seven-Up fut également l'une des premières à participer au jeu des colas. En 1968, elle positionna sa limonade : la boisson sans cola. Son but stratégique en créant Seven-Up fut d'offrir aux consommateurs une boisson susceptible de remplacer le Coke et le Pepsi. Les ventes augmentèrent de 15 pour cent la première année.

On peut utiliser cette stratégie pour lancer une attaque de flanc contre toute position forte, ou presque. En fait, plus la position ou la part de marché à assaillir est solide, plus les possibilités de créer une alternative sont importantes. Ainsi, le thé est la boisson qui remplace le café. La BMW est l'alternative de la Mercedes-Benz, et 7-Up celle de Coke et Pepsi. Dix années après le déclenchement de la campagne pour la boisson sans cola, Philip Morris racheta Seven-Up pour la somme jamais égalée de 520 millions de dollars, c'est-à-dire 74 millions de dollars par «Up».

Quelque temps après la réussite de la commercialisation de ses marques Marlboro et Miller Lite, la société Philip Morris fut déterminée à suivre la même voie avec sa nouvelle marque 7-Up. Elle doubla son budget consacré à Seven-Up, qui passa à 40 millions de dollars, et lança une campagne que nous avons qualifiée de «publicité pour vos aspirations».

«L'Amérique se convertit à 7-Up», proclamèrent les annonces, mais les ventes de Seven-Up chantèrent sur un ton différent. Cette année-là, 7-Up fut la seule boisson rafraîchissante parmi les dix premières à enregistrer une baisse de ses ventes. Sa part de marché diminua de 10 pour cent.

A cette époque-là, la stratégie utilisée par Seven-Up — hormis celle de l'annonce publicitaire diffusée pour informer l'Amérique qu'elle se «convertit à 7-Up», fut celle de chants et de danses. Cela revenait à lancer une attaque contre le point le plus fort des colas; justement les chants et les danses. Personne ne chante aussi bien que Coca-Cola et Pepsi-Cola. (Vous souvenez-vous de : «Je voudrais acheter un Coca-Cola pour le monde entier» ? On entendit cet air-là même dans les juke-box...)

Du point de vue militaire, on comprend ainsi clairement pourquoi les ventes de Seven-Up plafonnèrent et pourquoi la stratégie fondée sur le slogan «l'Amérique se convertit à Seven-Up» ne donna aucun résultat. Seven-Up avait tout simplement créé une position «alternative» sans entamer le marché du cola. Elle avait raflé des affaires aux fabricants de jus d'orange, de boissons à base de gingembre et de plantes comestibles, et d'autres boissons remplaçant les colas.

L'heure de la guerre offensive avait sonné. Il fallait donner aux buveurs de Coke et de Pepsi un motif valable susceptible de les inciter à boire désormais une boisson sans cola. Principe offensif numéro 1 : *Il faut surtout tenir compte de la force que représente la position occupée par le leader.*

Quelle est la force des colas ? Sans aucun doute, leur goût de noix de cola.

Principe offensif numéro 2 : *Il faut trouver une faiblesse dans la force du leader et l'attaquer à ce point-là.* Quelle est la faiblesse des colas ? Leur goût de noix de cola.

Sur toute canette de Coca-Cola sont indiqués les ingrédients qui entrent dans la composition de la boisson : eau carbonatée, sucre, caramel, colorant, acide phosphorique, aromatisants naturels, caféine.

De la caféine ? Bien sûr, tous les colas en contiennent; elle provient de la noix de cola. Et en terme de réglementation fédérale, tout Coke qui n'en contient pas ne peut être considéré comme un cola.

Qui sont les consommateurs de boissons rafraîchissantes ? Les enfants. Selon un processus de distribution en deux temps, les parents vont d'abord s'approvisionner au supermarché, puis les enfants viennent prendre livraison de la marchandise entreposée dans le réfrigérateur.

La *Food and Drug Administration* fut informée du fait qu'en traitant les noix de colas on les décaféinait, et qu'elles étaient ainsi dénaturées. Elle incita donc les entreprises de colas à ne pas modifier la teneur naturelle des noix de colas lors de la fabrication de leurs boissons... C'est la raison pour laquelle la société Coca-Cola est obligée d'acheter de la caféine à d'autres sociétés, dont General Foods. Ainsi, il est tout à fait probable qu'en buvant du Coca-Cola, les enfants absorbent les extraits de caféine recueillis lors de la fabrication du décaféiné Relax de leurs parents...

Quelle est la définition de la caféine d'après le dictionnaire ? «Un alcaloïde cristallin amer présent dans le café, le thé et les noix de cola; un stimulant cardiaque et nerveux.»

Les parents préfèrent calmer leurs enfants, au lieu de les rendre plus agités; ils sont déjà suffisamment excités. (La vente de Valium pour enfant par la société Hoffmann-LaRoche remporterait certainement un grand succès. Au début de 1980, nous avons proposé à la société Seven-Up de fabriquer une boisson décaféinée. Le prototype de spot publicitaire télévisé pour cette boisson aurait été : «Vous ne donnez jamais de café à votre enfant ? Pourquoi donc l'autoriser à boire des canettes de cola contenant la même quantité de caféine ? Donnez-lui plutôt du 7-Up décaféiné et sans cola.»

«Jamais nous ne ferons de la publicité pour notre produit sur ce thème-là», déclara le vice-président du département de marketing de la société Seven-Up.

Eh bien, ce «jamais» ne dure pas très longtemps lorsque votre part de marché ne cesse de diminuer. Ainsi, au début de 1982, Seven-Up lança sa stratégie du «décaféiné». «Ce produit n'a jamais été fabriqué à base de caféine, et ne le sera jamais.» Voilà ce qui était inscrit sur les nouvelles canettes de 7-Up.

Mais la société Seven-Up commit deux erreurs stratégiques. Premièrement, elle lança également un cola décaféiné appelé Like. En divisant ainsi ses forces, elle sema la confusion dans l'esprit des consommateurs. Deuxièmement, elle oublia la position «sans cola». Il ne suffisait pas de signaler aux consommateurs que Coke et Pepsi contiennent de la caféine, mais pas 7-Up. Elle devait leur rappeler que 7-Up était le «sans cola» pouvant remplacer le Coke et le Pepsi.

La stratégie du décaféiné donna néanmoins un coup de fouet aux ventes de Seven-Up, propulsant ainsi la société de la quatrième à la troisième place du classement des boissons non alcoolisées.

Mais, quelques temps après, Seven-Up se déconcentra. Toute stratégie de commercialisation des boissons décaféinées doit également s'appuyer sur le thème «sans colorants artificiels».

Sans colorants artificiels, dites-vous ? Mais pensez à tous les colorants que l'on utilise pour préparer nos délicieuses pâtisseries. Aucune cuisinière ne peut éviter les colorants artificiels; du sucre pilé au Banga, ils sont partout.

La société Seven-Up a récemment relancé sa campagne pour sa boisson sans cola. Donc, cela fait trois principaux programmes en l'espace de quelques années. La guerre de marketing doit avoir pour objectif de semer la confusion dans les rangs de l'ennemi et non pas dans les vôtres. Ce n'est pas demain la veille que la société Seven-Up sortira de l'ornière.

Chaos et confusion chez les colas

En fait, la campagne «décaféiné» eut exactement les mêmes conséquences que celles d'un guerre offensive : elle créa une situation chaotique et confuse dans les rangs de Coca-Cola et de Pepsi-Cola.

«La publicité pour le décaféiné de Seven-Up provoque un sentiment d'exaspération dans le secteur des boissons non alcoolisées, déclara le *Wall Street Journal.* Dans une déclaration officielle, la société PepsiCo qualifia la campagne publicitaire de Seven-Up de «mauvais service rendu au public», «pour la bonne raison, ajouta-t-elle, qu'elle vise à angoisser davantage les consommateurs préoccupés par les problèmes de santé, en utilisant la tactique de la peur.» Le fabriquant de Pepsi déclara qu'il était «absolument convaincu» du fait que la caféine n'était pas un produit nocif.

Mais était-il nécessaire de protester de cette manière-là, Messieurs les dirigeants de la société de Purchase, puisque moins de six mois plus tard PepsiCo lança Pepsi Free en versions ordinaire et diététique ?

Les autres colas emboîtèrent le pas : Coca-Cola, Royal Crown, Dr Pepper. Même Sunkist lança une boisson décaféinée. (On pourrait fort bien se demander ce que vient faire la caféine dans un soda à l'orange…)

Les concurrents devinrent attentifs aux problèmes posés par la caféine. Des marques qui jamais auparavant n'avaient avoué qu'elles fabriquaient des boissons à base de caféine n'hésitèrent pas à l'avouer : Sprite, Canada Dry la boisson gazeuse au gingembre, et bien d'autres.

Nous devrions également citer RC 100. Cette marque ne mérite qu'une toute petit place dans l'histoire des guerres des colas. Cependant, elle fut le premier cola décaféiné. Lancé par Royal Crown en 1980, elle démarra en flèche. Mais, comme dans le cas de la boisson Diet Rite Cola, RC 100 fut littéralement étouffé par les produits à base de caféine de Coca-Cola et de Pepsi-Cola. Etre le premier ne suffit pas, encore faut-il être le plus grand et le plus fort.

La Bataille des Ardennes : deuxième round

La canonnade du mois d'août (1982) fut déclenchée au Music Hall Radiophonique de la Ville de New York, où Coca-Cola lança Diet

Coke, le premier produit Coca-Cola à être appelé Coke depuis le lancement de la boisson originelle en 1886.

Jamais un produit n'a connu un tel succès initial. «Si tant est que le marketing ait jamais livré une certitude, ce doit être Diet Coke», déclara le *New York Times.*

«Diet Coke semble être en bonne voie pour arriver un jour deuxième au classement des boissons sucrées les plus populaires de l'histoire de la société Coca-Cola», prédit le *Wall Street Journal.*

«La boisson sucrée qui s'est le mieux vendue en un laps de temps aussi court», déclara le rédacteur en chef de *Jesse Meyer's Beverage Digest.*

Les dirigeants d'Atlanta évoquèrent avec fierté les prouesses de leur «petit dernier».

«Le lancement de Diet Coke constitue la nouvelle la plus importante de la rubrique nouveaux produits de Coca-Cola depuis la création de notre société il y 96 ans; et ce sera peut-être l'événement le plus sensationnel qui se soit produit pendant les années quatre-vingt dans l'industrie de fabrication des boissons sucrées», déclara Brian G. Dyson, président de Coca-Cola.

Après une telle série de déclarations, oserait-on prétendre que Coke ne débita que des balivernes ? Et pourtant, c'est ce qui apparaît à long terme.

Nul doute qu'à court terme Diet Coke est un grand succès. (De même que Diet Rite Cola et RC 100.) Diet Coke semble occuper une solide troisième place derrière Coca-Cola et Pepsi-Cola. Mais à quel prix !

Premièrement, Tab. L'année du lancement de Diet Coke, les ventes de Tab représentaient 4,3 pour cent du marché des boissons non alcoolisées. A mesure que Diet Coke gagnait du terrain, Tab fléchissait. En 1984, la part de marché de Tab s'effondrait jusqu'à 1,8 pour cent.

Aussi, en s'apercevant qu'elle avait fait fausse route, Coca-Cola n'hésita pas à se débarrasser de l'agence de publicité pour Tab et modifia la publicité pour cette boisson. Les ventes de Tab peuvent-elles prendre un nouveau départ ? Non, à moins que Coke change de «régime» pour Diet...

Deuxièmement, Coca-Cola. L'année de lancement de Diet Coke , la part de marché de Coke était de 23,9 pour cent; cette part n'était plus que de 21,7 pour cent en 1984.

Ainsi vont les choses. On ne peut s'empêcher d'établir un rapprochement entre les bénéfices que rapportèrent les ventes de Diet Coke et les pertes occasionnées par celles de Tab, voire même de Coca-Cola.

Le défi Pepsi

Pepsi-Cola lança une autre opération stratégique vers le milieu des années soixante-dix et qui mérite quelques commentaires : le «défi Pepsi». La campagne s'appuyait sur des tests effectués les yeux bandés portant sur deux colas anonymes. Ces tests permirent de démontrer que sur cinq personnes, trois préféraient Pepsi à Coca; on l'annonça en fanfare dans les spots publicitaires télévisés.

Est-ce une bonne stratégie ? Peut-être, car elle permet d'exploiter un point faible du produit du concurrent. Etant donné que Pepsi est environ 9 pour cent plus sucré que Coke, les goûteurs estimèrent qu'il avait meilleur goût. (Ce critère est également considéré comme faisant partie de la stratégie de la génération Pepsi : rien n'est trop sucré pour un enfant de 12 ans.)

Mais ce n'est pas une bonne stratégie en ce sens qu'elle ouvre un deuxième front face auquel Pepsi doit se mobiliser. Une marque de produit numéro 2 ne peut se permettre de combattre sur deux fronts à la fois. Principe offensif numéro 3: *Il faut lancer l'attaque sur un front qui soit le plus étroit possible.*

Mais alors Coca-Cola commit une erreur impardonnable pour un leader. Soudain, après avoir combattu pendant des années le défi Pepsi, Coca-Cola modifia publiquement sa formule de manière à ce qu'elle soit aussi sucrée que celle de Pepsi-Cola.

A partir de ce moment-là, le Vrai n'était plus le même. En une seule opération, Coca-Cola avait affaibli les bases mêmes de sa propre position.

Le problème n'était pas de savoir s'il fallait modifier la formule ou non, mais de décider si l'on devait annoncer cette modification. La plupart des sociétés procèdent de temps en temps à des modifications mineures de leurs formules, à l'instar de ce que fit Coca-Cola, remplaçant notamment le saccharose par du sirop de maïs à haute teneur en fructose.

Pour un grand nombre d'entreprises, le concept «nouveau et amélioré» constitue une véritable philosophie.

Cependant, ce qui rendait la situation de Coca-Cola différente, c'atait sa position du «Vrai». Dans un monde qui évolue rapidement, le goût de Coca-Cola était une constante qui sécurisa : en buvant du Coca, les fans avaient l'impression de ne pas vieillir. La disparition du premier modèle de flacon Coca-Cola fut une épreuve bien difficile pour eux;

comment allaient-ils désormais supporter celle du changement de formule de leur boisson préférée ?

Le Vrai refait son apparition

Moins de trois mois après le lancement de «New Coca-Cola», l'armée meurtrie et accablée d'Atlanta battit en retraite. Elle annonça que le «Vrai» porterait désormais un nouveau nom : Classic Coke.

Le retour du Vrai signifie la mort à court terme de New Coke. Selon nos prévisions, cette boisson devrait disparaître sous peu.

Notre perception de la réalité est plus puissante que la réalité elle-même. Les résultats des tests ont beau démontrer que New Coke a meilleur goût que l'ancien Coke, les clients estiment que c'est le contraire. Après tout, quel est le Vrai sinon le Coca-Cola originel ? Existe-t-il une meilleure boisson que le Vrai ?

Notre perception influe sur notre goût de la même manière qu'elle influe sur tout jugement humain. C'est dans notre esprit que la bataille se déroule. Celui-là n'enregistre aucun fait; seulement des perceptions. La réalité c'est ce que nous percevons.

Votre action est vouée à l'échec chaque fois qu'elle s'oppose à l'image stéréotypée du produit que perçoit le consommateur. Pour lui Xerox signifie photocopieurs. C'est la raison pour laquelle cette société n'aurait jamais réussi à commercialiser un ordinateur Xerox.

Volkswagen signifie de petites cylindrées solides et fiables. On comprend ainsi pourquoi la vente de voitures haut de gamme Volkswagen démarra à partir du moment où elles furent commercialisées sous la marque Audi, et pas avant.

Modifier la formule de Coca-Cola c'était adopter une stratégie qui allait à l'encontre de l'image du «Vrai». Le fait de la modifier à nouveau et publiquement c'était admettre que la société Coca-Cola s'était trompée. Ce faisant, elle a affaibli l'image de sa position perçue par les consommateurs.

Pour la première fois depuis la création de la société Coca-Cola, sa suprématie est en jeu. Pepsi-Cola a de bonnes chances de devenir le cola numéro 1 d'ici quelque temps.

Le défi du décaféiné

La situation qui prévaut sur un autre front influe sur la capacité de résistance de Coke face au défi Pepsi. Afin de riposter aux attaques de

7-Up s'appuyant sur la stratégie du «décaféiné», Coca-Cola a lancé des versions décaféinées de trois de ses marques de colas. De sorte qu'actuellement, Coke commercialise huit marques de colas; sa situation est chaotique. (Classic Coke, New Coke, Cherry Coke, Diet Coke, Tab, New Coke décaféiné, Diet Coke décaféiné et Tab décaféiné.)

Apparemment, Coca-Cola ne se rend pas compte du danger que font courir les colas décaféinés. Prenez le café par exemple. Au fur et à mesure que les ventes de cafés décaféinés augmentent, le taux de consommation du café baisse.

D'ici quelque temps, les gens refuseront de boire du Coke car c'est une boisson à base de caféine. De même, ils ne boiront plus de Coke décaféiné parce que ce n'est pas le «Vrai».

Le changement de formule associé à la panoplie des marques de décaféinés ne peut être qu'une source de graves ennuis pour les dirigeants d'Atlanta. A tel point que même un partisan irréductible de Coca-Cola resté fidèle à sa boisson préférée malgré les problèmes de crise de maturité qu'elle traverse, aura du mal à se faire servir. Comme en témoigne cette conversation récemment enregistrée dans un débit de boisson :

«Pourrais-je avoir un Coke ?»

«Désirez-vous un Classic Coke, un New Coke, un Cherry Coke ou un Diet Coke ?»

«Un Diet Coke.»

«Désirez-vous un Diet Coke normal ou un Diet Coke décaféiné ?»

«Que le diable les emporte ! Donnez-moi un 7-Up.»

Chapitre 12

La guerre des bières

De nombreuses personnes considèrent qu'un effort
n'a pas besoin d'être total pour porter ses fruits.
Un saut court est plus facile qu'un long,
mais personne n'en conclura que pour traverser
un large fossé il faille d'abord sauter au milieu.
Karl von Clausewitz

Voilà des années que les spécialistes du marketing de la bière s'intéressent à la pensée militaire. L'état-major du service marketing d'Anheuser-Busch se réunit dans une salle située au neuvième étage du siège social de la société et connue sous le nom de «salle de guerre». Les murs de cette salle sont tapissés de cartes sur lesquelles des flèches noires pointées vers le haut ou vers le bas indiquent les performances réalisées par l'entreprise et par ses concurrents.

Depuis la seconde guerre mondiale, la plupart des flèches noires d'Anheuser-Busch sont orientées vers le haut.

La percée de Budweiser

Pendant l'après-guerre, l'industrie de fabrication de la bière traversa une période agitée. La marque numéro 1 était Schlitz, la bière qui rendit Milwaukee célèbre.

Mais sa célébrité commença à décliner en faveur de Paree le jour où les membres de l'Association des Anciens Combattants Américains et les Vétérans des Guerres d'Outre-Mer décidèrent d'essayer d'autres marques, notamment Budweiser, le Roi des Bières.

On assista alors à un chassé-croisé ininterrompu entre les deux leaders. En 1951 et 1952, Schlitz arriva en tête. Puis en 1953 et 1954, c'était Budweiser. En 1955 et 1956, c'était à nouveau Schlitz qui arriva en tête de file.

Pendant ces années décisives, les deux sociétés auraient dû redoubler leurs efforts, car elles avaient les mêmes chances de réussite. Quelques millions de dollars supplémentaires dans le budget publicitaire eurent été suffisants pour faire pencher la balance. Cependant, rares sont les entreprises qui, dans de telles situations, savent apprécier les énormes avantages à long terme d'une différence annuelle de marge bénéficiaire, si petite soit-elle.

Au cours de ces périodes cruciales, les dirigeants ont tendance à se poser de fausses questions au sujet d'une éventuelle augmentation de leur budget publicitaire. Ils ont tendance à se demander : «Que rapportera un tel investissement ?»

Alors qu'ils devraient plutôt s'interroger sur le prix qu'ils doivent payer pour être sûrs de remporter la victoire.

Selon Clausewitz, ce qui différencie une guerre victorieuse d'une défaite n'est parfois que la «simple différence numérique entre le bilan des morts, blessés, prisonniers et pièces d'artillerie perdues du vainqueur et du vaincu».

En 1957, Budweiser reprit la tête du peloton, grâce à son avantage d'un point et demi en pourcentage, et n'a jamais plus été devancé. Ce qui naguère fut une course hippique s'est transformé en déroute. Actuellement, Budweiser vend vingt fois plus de bière que Schlitz.

Certains buveurs de bière prétendent que la victoire de Budweiser est due au fait que la bière Schlitz est moins bonne. Et c'est un fait qu'au cours des années soixante la société Schlitz défraya le chronique dans le secteur de la fabrication de la bière. C'est à cette époque que Schlitz construisit des brasseries hautement sophistiquées et fractionna son cycle de brassage. Selon les amateurs de bière pure, cette opération eut pour effet d'altérer son goût.

C'est bien possible, mais cette époque se situe une dizaine d'années après que la société Budweiser ait ravi la suprématie à Schlitz. Et l'histoire du marketing ainsi que celle de la guerre démontrent que lorsque votre adversaire a le vent en poupe, votre situation ira en empirant. Les riches ne cessent de s'enrichir, tandis que les pauvres s'appauvrissent encore plus.

L'assaut d'Heineken

Contrairement à Bud, Heineken remporta sa victoire sans coup férir, ou presque. La différence évidente tient au fait que Budweiser réalisa la quasi-totalité de ses bénéfices au détriment de Schlitz. Heineken n'avait pratiquement aucun concurrent.

Heineken fut la première grande bière d'importation à débarquer sur le sol américain après la guerre. C'est la raison pour laquelle elle parvint facilement à s'implanter sur le marché. Ce type d'assaut correspond à une attaque de flanc classique contre une «défense inexistante». Mais la partie la plus importante de la stratégie d'Heineken fut déployée ultérieurement.

Principe d'attaque de flanc numéro 3 : *La poursuite de l'offensive joue un rôle aussi décisif que l'attaque proprement dite.* Pendant les premières années, la société Heineken consacra d'importants budgets à ses activités de marketing et en particulier à la publicité. Ses dépenses ne cessèrent d'augmenter d'année en année par rapport à celles de ses concurrents importateurs de boissons étrangères.

La première grande marque à décocher un coup à Heineken fut la société Löwenbrau de Munich. Elle lança une campagne publicitaire spectaculaire pour ses bouteilles de bière recouvertes d'étiquettes bleues, vertes et argentées extrêmement attirantes, qui fait encore l'objet de nombreux commentaires de nos jours.

«Si jamais les stocks de Löwenbrau sont épuisés... commandez du champagne !» Ce titre était, certes, impressionnant, accrocheur et facile à retenir, mais le thème de ce message publicitaire était tout à fait aux antipodes de celui que Löwenbrau aurait dû utiliser pour sa campagne.

Le rapprochement entre la bière et le champagne (idée plagiée de Miller High Life) aurait été un thème bien adapté à Heineken, car il permettait d'élargir le marché de la bière d'importation haut de gamme.

Pour Löwenbrau, le problème n'était pas celui de la taille du marché, car cela pouvait se résoudre ultérieurement. Son problème c'était Heineken. Löwenbrau aurait dû lancer une attaque offensive avant de s'emparer du territoire. Il faut tout d'abord dominer le marché avant d'élaborer un plan de commercialisation.

Principe offensif numéro 2 : *Il faut trouver une faiblesse dans la force du leader et l'attaquer à ce point-là.* Heineken est une bière d'importation; voilà sa force. Mais de quel pays est-elle importée ?

Des Pays-Bas, et c'est cela son point faible. Ce qui a fait la renommée des Pays-Bas, ce sont ses moulins à vent, ses fromages et ses canaux, mais pas sa bière.

La France est renommée pour ses vins, alors que l'Allemagne l'est pour sa bière. Ces idées étaient enracinées dans l'esprit du buveur américain. Elles auraient pu être utilisées par Löwenbrau (ou, au même titre, par une autre marque de bière allemande) dans le but d'exploiter le point faible d'Heineken.

Principe offensif numéro 3 : *Il faut lancer l'attaque sur un front qui soit aussi étroit que possible.* Löwenbrau aurait dû annoncer à ses adeptes : «Maintenant que vous avez essayé la meilleure bière hollandaise, il est temps d'essayer la meilleure bière allemande». Ne pensez pas au houblon, ni au malt, ni aux mille et un soins apportés traditionnellement par les brasseurs depuis 400 ans pour produire une bière de qualité. Il faut battre en brèche les positions de votre concurrent par une attaque concentrée et menée sur un front étroit permettant de mettre à découvert son point faible et de l'exploiter.

Comment se fit-il, vous diront les buveurs de bière, que la marque d'importation numéro 1 fût hollandaise, alors que ce sont les Allemands qui fabriquent la meilleure bière ?

C'est tout simplement dû au fait que la société Heineken fit du bon travail, vous répondra le spécialiste en marketing. Certes, mais ce n'est pas la véritable raison.

La réponse vraie, c'est que Heineken était le roi suprême, la marque numéro 1, qui détenait 40 pour cent du marché des bières importées… par défaut de concurrence.

Par la suite, la société Miller Brewing acheta les droits d'utilisation de la marque Löwenbrau et se mit à brasser la bière aux Etats-Unis. La cible visée par cette nouvelle stratégie de Löwenbrau était Michelob d'Anheuser-Busch.

La société Anheuser n'hésita pas à riposter. Elle parvint à ralentir la progression de Löwenbrau en l'accusant formellement de faire de la publicité mensongère pour un soi-disant produit d'importation, alors que la bière Löwenbrau était en réalité fabriquée aux Etats-Unis. De ce fait, elle l'accusa également de vendre sa bière à un prix illicite.

L'arme que la société Löwenbrau n'avait pas brandie lorsqu'elle était une bière d'importation se retourna finalement contre elle lorsque Löwenbrau devint une marque de bière nationale.

En ce moment, une marque allemande est en train d'essayer de se servir du fusil que Löwenbrau n'a pas utilisé.

«Le mot allemand le plus connu est... Beck's», déclare un spot télévisé typique. Mais la société Beck's doit faire face à un certain nombre d'obstacles.

Elle a du retard à combler. Heineken a pris une avance considérable par rapport à ses concurrents. Beck's est un nom à consonance germanique assez faible par rapport à la multitude des noms de marques à consonance typiquement germanique vendues sur le marché : Schlitz, Pabst, Budweiser, Busch, Heileman, Blatz, Schaefer, Meister-Brau. Toutes ces bières ont une consonance germanique et sont brassées aux Etats-Unis.

Cependant, malgré ses faiblesses, la société Beck's est à l'heure actuelle la marque d'importation numéro 3. C'est une démonstration du résultat auquel l'on peut parvenir en exploitant la faiblesse du leader.

Etre classé troisième ne signifie pas être chef de file. Vous n'êtes pas encore en position de pouvoir savourer les fruits de la suprématie. Heineken suit son petit bonhomme de chemin en vendant cinq fois plus de bière que Beck's.

Anheuser-Busch, la première entreprise américaine de fabrication de bière, devra un jour ou l'autre riposter à l'invasion d'Heineken.

La contre-attaque d'Anheuser

La riposte classique des leaders consiste en pareil cas à utiliser la stratégie dite du «me too». Autrement dit, Anheuser aurait pu passer un accord d'importation avec un brasseur européen (allemand de préférence), conformément au principe défensif numéro 3 pour enrayer la progression de l'ennemi.

Malheureusement, la société Anheuser attendit trop longtemps et cette stratégie aurait été vouée à l'échec. Ce ne fut qu'en 1963 qu'elle exécuta finalement une manœuvre destinée à contrecarrer la menace que laissait planer Heineken.

Son opération fut d'une simplicité et d'un brio remarquables. Pour attaquer la première bière d'importation haut de gamme, Anheuser-Busch lança la première bière américaine à prix élevé. Puis elle lui donna un nom ciblé haut de gamme : Michelob. Et pour couronner le tout, en respectant le même état d'esprit, elle décida de commercialiser Michelob dans des flacons de luxe. (Et, bien sûr, à un prix élevé; détail important, mais souvent négligé par les entreprises qui veulent faire feu de tout bois.)

«Première classe égale Michelob», annoncèrent les spots. La bière que l'on boit en première classe dans les avions. Puis ce fut : «Buvez Michelob pendant le week-end !» (C'est en fin de semaine que l'on désire boire quelque chose de meilleur, n'est-ce-pas ?)

Michelob connut un grand succès et, qui plus est, fut très rentable. Au moment de son apogée, Michelob contrôlait 6 pour cent du secteur américain de la bière. Non seulement la société Michelob parvint à vendre davantage que Heineken, mais elle vendit deux fois plus de bière que toutes les marques d'importation confondues.

C'est alors que débuta le déclin de Michelob; mais nous aurons l'occasion d'en reparler.

L'ascension de Miller

Le monde de la bière n'est plus le même depuis 1970, date à laquelle Miller Brewing fut rachetée par Philip Morris.

Aussi incroyable que cela puisse paraître, en 1970 Miller était septième au classement des entreprises de fabrication de bière derrière Anheuser-Busch, Schlitz, Pabst, Coors, Schaefer et Falstaff.

Mais Miller bénéficiait de deux avantages : l'argent de Philip Morris et une stratégie claire et cohérente.

La cible visée était Budweiser. Tout comme les autres produits leaders, le Roi de la Bière était une boisson très répandue. Miller décida d'employer la tactique préférée de Napoléon lorsqu'il devait affronter un ennemi aux lignes de défenses dispersées. Il frappa sur la ligne médiane, au cœur même du marché de la bière.

«Entrez dans l'Ere Miller», annoncèrent les spots télévisés. L'Ere Miller fut pour les travailleurs en salopette ce que l'heure du cocktail est pour les cols blancs. Autrement dit, le thème de la publicité pour Miller permettait de véhiculer l'idée selon laquelle toute peine mérite récompense.

Joe Sixpack, le gros buveur de bière, ne riposta pas immédiatement. Les ventes de Miller remontèrent la pente trois ans plus tard seulement, et cela malgré des dépenses de publicité presque deux fois supérieures par baril à celles des concurrents.

(Cette réaction tardive des consommateurs face à une campagne publicitaire est caractéristique du secteur des produits «personnels» tels que la bière, les cigarettes, les colas. Le fait de préférer une marque de bière à une autre vous permet non seulement d'étancher votre soif, mais également de vous situer. Il faut qu'en la buvant vous vous sentiez parfaitement à l'aise pour pouvoir vous prononcer en public. Et cela prend du temps.)

Aussitôt que le concept de l'«ouvrier» fut enraciné dans l'esprit des consommateurs, les ventes de Miller démarrèrent en flèche et vinrent se classer en deuxième position dans la liste des marques nationales, devant Falstaff, Schaefer, Coors, Pabst et Schlitz.

Finalement Budweiser fut obligé de riposter. «Toute action mérite une Bud», proclama le Roi des Bières en utilisant une variante du thème du travail récompensé adopté par Miller.

Paradoxalement, le succès que remporta Miller auprès des ouvriers était en contradiction avec le caractère plutôt mondain de la marque originelle. «Miller High Life, le Champagne des Bières», était-il écrit sur les étiquettes.

«High Life», dites-vous ? Mais personne ne l'appela ainsi. Les gens regardent les étiquettes, mais ne prennent plus le temps de les lire. La bière fut appelée Miller, du moins à en juger par les spots radiophoniques et télévisés : «Entrez dans l'Ere Miller», et non pas «Bonjour, c'est l'heure d'une High Life».

Rien de plus simple que de transformer une boisson de luxe en une vulgaire boisson que l'on boit au bistrot du coin. (L'inverse aurait été beaucoup plus difficile à réaliser.) Le seul problème c'était la marque qui figurait sur chaque bouteille de bière et qui était en contradiction avec son ciblage bas de gamme. Cela eut de lourdes conséquences sur les ventes de Miller pendant de longues années.

Le lancement de Lite

En 1975, Miller Brewing lança la bière Lite. «Tout ce que vous avez toujours souhaité d'une bière… et moins.»

Le lancement de Lite fut une attaque de flanc de type classique. A cette époque la tendance était aux produits plus légers (le vin plutôt que les liqueurs par exemple). Donc la bière Lite n'allait pas à contre-courant. Sa commercialisation se fit conformément aux principes fondamentaux de l'attaque de flanc.

1. Un domaine non convoité. Il n'existait aucune marque de bière «légère» au plan national. Seules quelques marques régionales et de guérilla étaient présentes sur le marché. Les lancements de certaines marques dans ce secteur s'étaient soldés par des échecs. La marque Gablinger's, notamment, fut lancée à grand renfort de publicité mais connut néanmoins un échec. (Les buveurs de bière prennent leur marque très au sérieux. L'annonce publicitaire a beau être humoristique — comme celle de Lite — on ne plaisante pas avec la boisson proprement dite. Gablinger's n'est décidément pas un nom sérieux pour une marque de bière.)

2. L'attaque surprise. Les concurrents de Lite furent totalement pris au dépourvu. La société Miller Brewing ne fit aucun marché-test et la presse ne parla absolument pas du lancement de sa nouvelle boisson. Et boum ! Lite fut lancée et commercialisée au plan national dans un laps de temps minimal. La riposte de Schlitz n'intervint qu'un an après, avec le lancement de sa bière Schlitz Light, alors que celle d'Anheuser-Busch n'eut lieu que deux ans plus tard, avec la mise en vente de Natural Light.

3. La poursuite de l'offensive. Miller satura les ondes avec sa publicité pour Lite, qui bénéficia d'un budget publicitaire par baril quatre fois supérieur à celui consacré par ses concurrents pour un volume identique. Ses ventes progressèrent sans relâche. Jusqu'à ce jour, Miller domine le secteur des bières légères en continuant sa publicité tapageuse pour Lite. Cette poursuite implacable visant à conquérir l'esprit du buveur de bière fut dictée par la concurrence. Trois ans après le lancement de Lite, on dénombra pas moins de vingt-deux autres marques de bières légères présentes sur le marché.

Les concurrents
ne prirent pas la situation à la légère

Schlitz fut la première grande entreprise de fabrication de bière à tenter d'attaquer le territoire de Lite. Elle s'attela d'arrache-pied à cette besogne en dépensant pour sa publicité une somme presque aussi importante que Miller.

Schlitz alla jusqu'à payer 500 000 dollars au célèbre James Coburn pour qu'il glisse deux mots dans ses spots publicitaires télévisés. Malheureusement pour Schlitz, il y avait un mot de trop.

Il a suffi que Coburn dise : «Schlitz Light», pour que la société Schlitz soit obligée d'adopter une stratégie d'extension de ligne de produits. «Concentrez vos forces», déclare Clausewitz. Mais les spécialistes américains du marketing ne tinrent pas compte du conseil prodigué par le Prussien.

Les conséquences furent on ne peut plus prévisibles. Anheuser-Busch ne tarda pas à lancer Natural Light qui prit la place de Schlitz Light et chercha à concurrencer Lite. Certes, ce nom avait une connotation sérieuse, mais il était également bien long. Aussi Anheuser-Busch engagea-t-il Norm Crosby, le roi des calembours, pour qu'il dise : «Demandez Natural. Ne vous laissez pas abuser».

Le fait de tourner en dérision le nom d'une marque est un signe qui ne trompe pas : il signifie que ce nom n'accroche pas suffisamment. (Comment vont les Isuzu, et comment va votre vieille Isuzu ? Deux gros titres de publicité pour une voiture japonaise qui, on s'en souvient, n'a pas réussi à surmonter ses difficultés.) Et bien sûr, Natural ne tarda pas à péricliter.

Ultérieurement un autre brasseur fit encore parler de lui. Celui-ci avait une carte à jouer dans les sweepstakes des bières légères.

Il s'agissait de la société Adolph Coors de Golden, dans l'Etat du Colorado. Le nom de la marque était Coors, une bière brassée avec de l'eau de source pure des montagnes Rocheuses, dans la plus grande brasserie du monde.

Coors fut le guérillero qui remporta le plus de succès parmi tous les guérilleros régionaux dont, entre autres, Olympia de la région du Nord-Ouest, Heilman Old Style de la région Centre-Ouest, Dixie de la région Sud, Rheingold, Schaefer et Ballantine de la région Est, Utica Club et Genesee de l'Etat de New York, et Iron City de Pittsburgh.

Coors parvint à exercer une fascination incroyable. Elle fut vendue dans douze Etats de l'Ouest des Etats-Unis uniquement. Elle prit la tête dans neuf de ces Etats.

Coors fut la bière préférée de certains hommes célèbres tels que Paul Newman, Clint Eastwood et Gerald Ford. Chaque fois qu'il se rendait en Californie, Henri Kissinger achetait des caisses entières de Coors qu'il ramenait avec lui à Washington. «La bière la plus chic des Etats-Unis», déclara le *New York Times*.

Colorado Kool-Aid

Coors était déjà une bière légère. (Une bière Coors normale contient moins de calories qu'une bière Michelob Light.) Pour demander une

Coors, les habitants de Denver prirent l'habitude de dire : «Une Colorado Kool-Aid !»*

Sur toutes les cannettes de Coors il était inscrit : «La bière américaine fine et légère».

Le lancement de Lite fut une occasion unique pour Coors et était susceptible de résoudre un problème.

Ce problème était la pression qu'exercent les émissions sponsorisées par les grandes marques nationales sur des marques régionales telles que Coors. Le nombre de brasseurs ne cesse de diminuer. Au lendemain de l'abrogation de la Prohibition, il y avait 786 brasseurs aux Etats-Unis. A l'heure actuelle, il n'en reste que quarante.

Jadis, il y avait 121 brasseries dans la ville de New York. Elles ont toutes disparu sauf une. Autrefois on dénombrait 45 brasseries à Chicago. Il n'en reste plus une seule.

En 1960, les six principaux brasseurs se partageaient 37 pour cent du marché. De nos jours, ils en détiennent 92 pour cent.

La société Coors fut assujettie à d'intenses pressions destinées à en faire une marque nationale et à l'inciter à profiter de l'avantage pécuniaire de la publicité nationale. Le lancement de Lite créa l'occasion propice. «C'est en utilisant sa force contre son adversaire au moment opportun que l'on se renforce», déclare Clausewitz.

Coors aurait pu se hisser au sommet lors du succès de la boisson Lite, puis exploiter un point faible dans la force de cette dernière, conformément au principe fondamental de la guerre offensive. Autrement dit, Coors aurait pu saisir l'occasion pour passer d'une stratégie de guérilla à une stratégie offensive.

Il n'existe aucune manœuvre plus difficile à exécuter pour une entreprise que celle du changement de lignes directrices; car cela provoque une instabilité parmi le personnel de la société, les détaillants et les distributeurs qui préfèrent éviter les remous. A chaque moment critique, lorsque vous êtes obligé de changer de ligne directrice, les principes de la guerre de marketing vous aideront à faire le point.

Coors était parfaitement armée pour s'emparer de la position de la «bière légère authentique». (Ou, en termes plus poétiques, nous dirions du «pionnier de la bière légère». Nous avons présenté cette idée à la direction du marketing de Coors en 1978.) L'idée du «pionnier» était fondée sur l'avantage dont bénéficiait la société Coors du fait d'avoir hérité

* N.D.T. : Kool-Aid est une boisson rafraîchissante américaine.

des traditions de la région Ouest des Etats-Unis. En outre, elle était située dans les montagnes Rocheuses. Elle aurait même pu exploiter le thème de l'individualisme forcené du fondateur et de sa famille.

Jusqu'à cette époque, Coors n'avait fait pratiquement aucune publicité. Elle avait conservé sa bière légère dans l'ombre. La campagne pour Lite aurait pu être une parfaite plateforme de lancement pour Coors qui en aurait profité pour dévoiler le secret de sa réussite.

Mais la société Coors en décida autrement. Elle lança sa marque Coors Light, une copie conforme des 23 autres bières légères présentes sur le marché. Le motif invoqué fut que «les consommateurs ne s'étaient pas encore rendu compte que Coors était une bière légère». En réalité, cela était dû au fait que le public n'en avait pas été informé. (Qui prend le temps de lire l'étiquette ? En plus de l'inscription : «La bière américaine fine et légère», figurait celle de : «Coors Banquet». Henry Kissinger lui-même ne savait probablement pas que Banquet était un nom de marque de Coors.)

Dès lors, l'objectif de la société Coors fut de distribuer deux marques de bière différentes sur tout le territoire national en finançant deux programmes publicitaires. Personne, hormis Miller, n'avait jusqu'à présent créé deux grandes marques commercialisées sous un même nom de bière prestigieuse.

La faiblesse de Lite

Si nous vivions dans une société plutôt tournée vers les supports écrits, Lite aurait été un nom tout à fait approprié pour une bière hypocalorique. Malheureusement pour Miller, notre monde est celui des médias radiophoniques et télévisés.

A la radio et à la télévision, l'euphonie du mot est plus importante que l'effet produit par sa typographie. C'est la raison pour laquelle l'euphonie de la marque joue un rôle essentiel dans l'environnement du buveur de bière, le bistrot du coin.

«Garçon, une Lite !»

«Comment épelez-vous cela, Monsieur. L majuscule-i-t-e, ou l minuscule-i-g-h-t ?» *

«Peu importe, je prendrai une Miller.»

Le succès alla en s'amplifiant. Le fait de dire : «Je prendrai une Miller» finit par signifier une Miller Lite et non pas une Miller High Life.

En précisant que la bière Lite était «la Lite de Miller», la publicité télévisée ne facilita pas la tâche à Miller. En outre, à aucun endroit sur la cannette ne figure le mot Miller. Seul y figure celui de Lite. Sur le côté latéral de la cannette on peut lire la marque de fabrique Miller ainsi que les petites inscriptions habituelles : «Miller Brewing Co., Milwaukee, WI.»

On ne peut commercialiser deux marques différentes sous un même nom. Miller fut obligé de payer tôt ou tard les pots cassés pour l'erreur qu'elle avait commise en lançant Lite.

Quelque temps plus tard, High Life fit les frais de cette bévue et non pas Lite. En 1979, quatre ans après le lancement de Lite, les ventes de Miller High Life plafonnèrent. Cette année-là l'écart entre Budweiser et High Life n'était que de 21 pour cent.

Le déclin de High Life

Miller High Life commença à décliner lentement, puis de façon vertigineuse, en se démarquant de plus en plus de Budweiser : 32, 40, 49, 59 et finalement 68 pour cent d'écart en 1984 par rapport au Roi des Bières. Les ventes de Budweiser furent trois fois supérieures à celles de Miller High Life. Le point de non-retour fut atteint en 1983, lorsque les ventes de Miller Lite dépassèrent celles de Miller High. A partir de ce moment-là, Miller signifia Lite aussi bien au plan de la commercialisation que pour le buveur de bière du bistrot du coin. La presse se montra perplexe : «Miller veut percer le mystère de la bière», déclara le *New York Times* dans un article sur les déboires de High Life. Mais personne apparemment ne fit le rapprochement entre les deux marques.

En termes de stratégie militaire, la manœuvre opérée par Miller fut une attaque de flanc contre lui-même. Le fait d'avoir utilisé le même nom pour deux produits différents (quand bien même ce ne fut que fortuitement), se traduisit par une attaque de flanc qui affaiblit sa propre position, au lieu de celle de Budweiser. «Les armes que nous avons utilisées contre notre ennemi se sont finalement retournées contre nous-mêmes», déclara Pogo.

A Trenton, dans l'Ohio, se trouve une brasserie Miller toute neuve ayant coûté 450 millions de dollars, qui n'a jamais brassé un seul baril de bière; ce monument fut érigé à la mémoire de la stratégie démentielle de l'attaque de flanc contre soi-même.

N.D.T. : en anglais pour demander du feu, on dit : Give me a light !» «Lite» et «Light» sont des homonymes.

Une attaque de flanc de ce type peut aboutir à deux résultats différents; mais dans les deux cas vous serez perdant. Soit vous livrez une bataille de flanc victorieuse contre vous-même; et ce faisant vous détruisez la marque originelle. Ce fut le cas de Miller. Soit vous protégez votre marque originelle en livrant une attaque de flanc. Résultat : une attaque de flanc désastreuse et chère.

L'extension de ligne de produits est comparable à un mouvement de bascule. On ne peut commercialiser deux produits différents sous un même nom de marque. Lorsque l'un des deux s'élève, l'autre s'abaisse.

Une des raisons pour lesquelles il faut se méfier du piège de l'extension d'une ligne de produits est que ses conséquences à court terme sont diamétralement opposées à ses effets à long terme.

A court terme, l'extension de ligne de produit réussit presque toujours; par exemple, la réussite de Miller Lite, ou celle de Diet Coke. Mais à long terme, la stratégie de l'extension de ligne de produits aboutit généralement à une défaite.

Cela est comparable aux effets de l'alcool : à long terme, c'est un sédatif qui agit sur le système nerveux central; mais à court terme, il peut avoir des effets aussi euphorisants que ceux de Diet Coke.

Il semble néanmoins que Miller ait échoué dans sa tentative d'union ou de fusion de ses deux marques. Pour essayer de sauver la marque High Life, Miller a réagi de la manière classique en traînant son agence de publicité en cour martiale où elle fut jugée en public, présumée coupable d'avoir manqué à ses obligations.

La nouvelle agence annonça d'emblée : «Miller est une boisson 100 pour cent américaine !»

Mais quel Miller ? Lite ou High Life ? Les spots télévisés ne nous le précisent pas. Ils nous montrent la cannette, sur laquelle est collée une étiquette que personne ne lit, pas même l'annonceur de spots télévisés.

La société Miller est dans l'impasse. Elle ne peut répondre : «High Life», car ce n'est pas un nom approprié pour une bière de prolétaires. Imaginez le ton râleur sur lequel ceux-là commanderaient High Life…

Croyez-vous que l'expérience de Miller a servi de leçon aux confrères ? C'est à vous que nous posons cette question.

La charge de la Brigade Légère

Toutes les entreprises de l'industrie de fabrication de la bière se hâtèrent, les unes après les autres, d'imiter Miller.

Outre Schlitz et Schlitz Light, Coors et Coors Light, les barons de la bière lancèrent Michelob et Michelob Light, etc.

Examinons ce qui arriva à chacun de ces braves assaillants qui eurent le courage de lancer des attaques de flanc contre eux-mêmes.

Schlitz Light fut la deuxième grande marque à faire partie de la catégorie des bières légères. Cette position de tête de peloton aurait dû normalement lui procurer un grand avantage. Il n'en fut rien. A lui seul Schlitz vendit 24 millions de barils en 1976, l'année de lancement de Schlitz Light.

A l'heure actuelle, Schlitz et Schlitz Light vendent ensemble moins de trois millions de barils. Cette attaque de flanc s'est terminée par une victoire totale : les deux marques sont anéanties...

Il faut souligner que le fait de réusssir ne signifie pas obligatoirement que vous avez remporté la victoire. Prenez la réussite de Coors Light. L'année de lancement de cette marque, 1,6 millions de barils furent vendus. Les ventes n'ont cessé d'augmenter d'année en année, jusqu'à atteindre 4,5 millions en 1984. Actuellement, Coors arrive en deuxième position derrière Miller Lite.

C'est fantastique, me direz-vous. Mais qu'est-il arrivé au Coors normal ? Les ventes n'ont cessé de chuter. Qu'attendait-on d'une attaque de flanc réussie à l'avantage de Coors Light ?

En fait, la société Coors a vendu plus de bière en 1976 qu'en 1984. En 1976, elle ne commercialisa qu'une seule marque dans 12 Etats et son poste publicité s'éleva à 2 millions de dollars. Alors qu'en 1984, elle commercialisa deux marques dans 44 Etats et son poste publicité fut de 33 millions de dollars. Voilà un autre exemple d'une attaque de flanc contre son propre portefeuille.

L'expérience de Miller est similaire à celle de Michelob. Trois ans après le lancement de Michelob Light, les ventes de Michelob normal atteignirent leur apogée. Puis, Michelob périclita d'année en année. La solution ? Se débarrasser de l'agence.

L'année suivante, les ventes de Michelob Light plafonnèrent et stagnèrent. Les deux marques confondues, on constate que leurs ventes ont chuté pendant quatre ans d'affilée; ce qui est loin d'être un exemple d'efficacité en matière d'extension de ligne de produits. Et il se pourrait bien que le pire ne soit pas encore passé.

Prenez Budweiser et Bud Light. Anheuser-Busch a eu de la chance. Comparativement, Bud Light nous a déçu. Jusqu'à présent, les ventes de Bud Light n'ont jamais dépassé 10 pour cent de celles du «Roi». Il serait exagéré d'affirmer qu'Anheuser n'a fait aucun effort. Il dépense 50 millions de dollars par an pour sa publicité pour Bud Light. Cela équivaut à une somme neuf fois supérieure par baril à ce qu'il a dépensé pour sa marque de bière originelle.

Budweiser continue de rouler à fond de train en vendant deux fois et demie plus de bière que la marque numéro 2 (Miller Lite). Et cela en dépit de l'embuscade de Bud Light.

Et qu'en est-il de tous les autre fabricants de bières légères ? Il n'est pas du tout sûr que l'industrie de fabrication de la bière ait tenu compte de notre message concernant l'extension de ligne de produits. Bien au contraire. Elle continue d'alléger ses marques.

Les sectes qui se rassemblent dans la montagne pour attendre la fin du monde ne redescendent pas le lendemain en ayant remis leur philosophie en question, mais avec une foi renouvelée dans la miséricorde du Tout-Puissant.

Lorsqu'un brasseur n'arrive pas à vendre sa bière, il ne déclarera jamais que c'est à cause du nom de celle-ci. Il en rend plutôt responsable le produit lui-même ou la publicité. Encore une preuve supplémentaire de l'existence de la foi selon laquelle la vérité doit l'emporter. «Je me doutais bien qu'il y avait quelque chose qui n'allait pas dans le goût de la bière ou dans la mise en forme publicitaire», affirmera-t-il.

«Celui qui n'arrive pas à se souvenir de son passé est condamné à le revivre», déclarait George Santayana.

La charge de la Brigade Lourde

Actuellement, l'industrie de fabrication de la bière est bien partie pour commettre la même erreur... mais en sens inverse.

Les premiers candidats de la Brigade Lourde sont Michelob Classic Clark et Coors Extra Gold. Tous deux sont tombés dans le piège de l'extension de ligne de produits.

Coors devrait être le mieux avisé. Un brasseur numéro 5 ne peut se permettre de commercialiser deux marques nationales, et encore moins trois.

Chapitre 13

La guerre des hamburgers

Ne nous parlez pas de généraux qui conquièrent
sans verser de sang. Certes un massacre sanglant
est un horrible spectacle; c'est une raison de plus
pour respecter davantage la guerre.
Karl von Clausewitz

En 1984, la société McDonald's a dépensé à elle seule plus d'un quart de milliard de dollars pour sa publicité télévisée. Cela équivaut à 685 000 dollars par jour et à 29 000 dollars de l'heure. A ce prix-là, il faut que vous vendiez beaucoup de hamburgers pour rentrer dans vos frais.

Comment une entreprise aussi colossale a-t-elle démarré ? L'histoire commence au petit café, *coffeeshop,* qu'on trouve dans toutes les villes américaines.

Ce genre d'établissement familial, généralement composé d'un comptoir et de six ou sept tables, aurait mérité un autre nom que celui de café, étant donné qu'il ne rend pas justice à la variété des plats et boissons que l'on peut y consommer : des omelettes au jambon, des sandwichs au bacon et à la laitue, des coupes glacées et, bien entendu, des hamburgers ou cheeseburgers avec frites.

A chaque ville ou région sa spécialité. Le *cheesesteak sandwich* (sandwich à la viande et au fromage) est celle de Philadelphie, le *clam chowder* (soupe de palourdes) est celle de Boston, le *grits* (un mets à base de farine de maïs) est celle du Sud des Etats-Unis. C'était l'époque où sévissait une guerre de marketing dans laquelle tous les combattants étaient des guérilleros qui préservaient jalousement leur secteur. (Principe de guérilla numéro 1 : *Il faut trouver un segment de marché qui soit suffisamment petit pour être défendable.*)

L'entrée en scène de McDonald's

La profession allait connaître un changement radical quelques années après l'ouverture du premier McDonald's à Des Plaines, dans l'Illinois, par Ray Kroc.

Celui-ci réussit à lancer une attaque offensive contre les cafés locaux puis à étendre rapidement l'opération au plan national.

A cette époque, dans un café on pouvait commander presque n'importe quel plat simple, bon marché et facile à préparer. En langage militaire, on peut dire que la ligne était large et par conséquent vulnérable.

Kroc choisit la solution évidente. Il frappa sur la ligne médiane. (Quel était l'article le plus populaire du menu affiché au café ? Le hamburger et son cousin germain, le cheeseburger.)

C'est ainsi que naquit la chaîne des hamburgers. N'ayant aucun concurrent (hormis les cafés), la chaîne de Kroc démarra en flèche sous l'impulsion de son ambitieux créateur qui alla jusqu'à emprunter de l'argent à des taux exhorbitants afin de financer son rêve.

Cet essor initial, plus que tout autre facteur, assura à McDonald's la réussite et lui permit de dominer le secteur des hamburgers en plein développement. De nos jours, McDonald's vend plus que King, Wendy's et Kentucky Fried Chicken confondus.

De nombreux spécialistes du marketing prennent plaisir à vous expliquer que le succès de McDonald's serait dû à ses normes et procédures très strictes et à son farouche attachement à la propreté et à la formation intensive des franchisés à l'Université Hamburger de McDonald's d'Elk Grove, dans l'Illinois. (Chaque diplômé devient «licencié ès hamburgologie mention frites».)

C'est l'application du principe de la force qui a rendu possibles ces extravagances de la suprématie. McDonald's est la société leader parce qu'elle fut la première sur la scène des hamburgers et parce qu'elle a su conserver sa situation en se développant rapidement.

Ce n'est pas en vendant un meilleur hamburger que celui des concurrents que vous deviendrez le leader. En revanche, vous pouvez conserver votre place de leader, même sans vendre un meilleur hamburger que celui de vos concurrents. La suprématie est une position qui permet aux entreprises de s'offrir le luxe de disposer du temps nécessaire pour corriger tous leurs problèmes éventuels.

Dans les années soixante-dix, dans un document confidentiel de McDonald's, il était carrément admis que selon un sondage d'opinion «la qualité de Burger King était considérée comme étant nettement supérieure à celle de McDonald's».

Un grand nombre de mythes du marketing sont fondés sur les raisons invoquées par la presse pour expliquer le succès du leader. Pour des raisons de déontologie, nous ne pouvons accepter l'hypothèse selon laquelle McDonald's aurait profité du fait qu'elle était la première société d'hamburgers pour exercer la plus forte pression; c'est-à-dire l'application pure et simple du principe de la force. L'hypothèse selon laquelle son succès serait dû à l'Université Hamburger nous paraît plus satisfaisante; nous irions même jusqu'à prétendre que ce serait grâce à Ronald McDonald ou encore aux joyeux danseurs qui présentent le spot télévisé pour McDonald's.

Les bons leaders ne font rien pour dissuader les gens de se livrer à de telles spéculations; au contraire, ils les encouragent. Ils savent qu'une armée victorieuse qui a le moral est poussée par un élan qui l'incite à poursuivre son combat victorieux.

Pour utiliser les termes de George C. Scott dans son rôle de Patton : «Nous avons actuellement la meilleure nourriture, le meilleur équipement, le meilleur moral et les meilleurs hommes du monde. Mon Dieu ! J'ai vraiment pitié de ces pauvres bougres que nous allons combattre !»

Cela s'appelle la suprématie et non pas de la stratégie. «Nous n'aurions jamais pu réaliser tout cela sans vous», affirme le leader.

«Nous pourrions…», dit le stratège qui, espérons-le, se garderait bien de dévoiler le fond de sa pensée.

Les directeurs de marketing continuent de confondre suprématie et stratégie, ce qui ne cause aucun tort au leader. En revanche, la différence entre suprématie et stratégie a tendance à modifier la pensée des guérilleros de la guerre des hamburgers tels que Hardee's, Burger Chef et d'autres.

Les mythes du marketing créent des illusions. «Et si nous pouvions faire de meilleurs hamburgers que ceux de Burger King ou si la qualité de notre service était supérieure à celle de McDonald's, nous pourrions...» et c'est ainsi que l'on rêve inlassablement.

Dans la guerre des hamburgers, comme dans toutes les autres guerres de marketing, le produit n'est qu'un véhicule qui permet de pousser la stratégie à fond. Il ne faut pas penser en termes de meilleur produit mais uniquement en termes de différenciation.

L'approche de Burger King

La première chaîne de restauration rapide à mettre en œuvre une stratégie efficace contre McDonald's fut Burger King.

Une fois devenue première chaîne nationale de restauration rapide, McDonald's n'était plus en position offensive, mais défensive. C'est à Burger King, la chaîne numéro 2, que fut offerte l'occasion d'appliquer une stratégie offensive.

Principe offensif numéro 2 : *Il faut trouver une faiblesse dans la force du leader et l'attaquer à ce point-là.* La force de McDonald's était son hamburger, son uniformité, son service instantané et son prix bon marché.

Ou, ainsi que l'annonçait la publicité pour le produit haut de gamme Big Mac : «Deux rondelles de viande de bœuf avec de la sauce spéciale, de la laitue, du fromage, des condiments et des oignons servis dans un petit pain au sésame.» Et cela était généralement prononcé comme s'il s'agissait d'un seul mot : «Deuxrondellesdeviandedebœufavecdelasaucespécialedelalaituedufromagedescondimentsetdesoignonsservisdansunpetitpainausésame.» (A l'impression, McDonald's avait ajouté TM en petits caractères afin d'indiquer qu'il s'agissait d'une marque de fabrication déposée.)

Quelle est la faiblesse inhérente à cette force ? C'est évidemment le dispositif de la chaîne de fabrication utilisée par McDonald's pour le service instantané et à bas prix de ses hamburgers. Si vous désirez quelque chose de spécial, il faut attendre dans une file séparée, pendant qu'un employé s'affaire autour du dispositif de fabrication.

Au début des années soixante-dix, Burger King appliqua une stratégie permettant d'exploiter cette faiblesse. «Servi selon votre goût, sans les condiments ni la sauce piquante. Ou quel que soit votre souhait», annoncèrent les spots.

Chez Burger King, on vous promettait de ne pas vous traiter comme un paria si vous commandiez quelque chose de spécial.

Et les ventes de Burger King suivirent. Le slogan : «Servi selon votre goût» a réellement permis de différencier les deux chaînes en termes de service offert à la clientèle et d'assaisonnement. En outre, vous remarquerez que McDonald's dut faire face à une situation bien embarrassante, car il lui était impossible de modifier en quoi que ce soit son dispositif bien rodé dans le but de renchérir sur ce que proposait Burger King.

Comment mesure-t-on la force d'impact d'une bonne manœuvre offensive ? En se demandant si le défenseur peut procéder à une surenchère sans miner les fondements de sa propre position.

Une force est également une faiblesse. Vous devez trouver le maillon qui cimente cette force.

McDonald's se convertit au poulet

Et au poisson, aux grillades et aux œufs brouillés. Pour McDonald's, les années soixante-dix furent l'ère de l'extension de la ligne de ses produits, car la chaîne rechercha le moyen d'attirer la clientèle et de dépasser sa moyenne de fréquentation.

Ces objectifs sont dangereux, malgré leur force de séduction. Au fur et à mesure que vous élargissez votre ligne de produits, vous devenez vulnérable sur votre ligne médiane. En outre, rien n'empêchait les gens qui voulaient manger du poulet d'aller chez Kentucky Fried Chicken.

Les deux premières extensions majeures de McDonald's, McChicken et McRib, aboutirent à des échecs.

Puis ce fut Chicken McNuggets; un succès qui permit d'accroître les ventes de McDonald's. Mais les nouveaux plats au poulet nécessitèrent des efforts intensifs et des millions de dollars de publicité.

Ce qui paraît surprenant au sujet de Chicken McNuggets, c'est que Kentucky Fried Chicken n'a pas riposté. Il fallut pas moins de huit ans ou presque à la chaîne de restauration rapide spécialisée dans les plats au poulet pour lancer sur le marché un produit similaire à celui de McDonald's. Et le nom qu'elle lui donna fut bien sûr Chicken Nuggets, tout simplement.

Principe défensif numéro 3 : *Il faut toujours enrayer les puissantes manœuvres de vos concurrents.* Kentucky Fried Chicken gaspilla huit ans, au cours desquels elle aurait pu exploiter la publicité de McDonald's pour empiéter sur le territoire du bon Colonel.

Il existe une différence stratégique entre une extension de ligne de produits telle que celle de Egg McMuffin (les œufs Benedict du pauvre), et celle de Chicken McNuggets.

Le moment du petit déjeuner est une heure creuse dans un restaurant spécialisé dans la vente d'hamburgers. Presque n'importe quel produit alimentaire servi au petit déjeuner susceptible de faire progresser les affaires constituerait un bon moyen stratégique pour une chaîne de vente d'hamburgers. Un plat de déjeuner ou de dîner comme Chicken McNuggets drainerait une partie des ventes d'hamburgers de la chaîne. Pourquoi dépenser des millions pour inciter les clients à commander du Chicken McNuggets au lieu d'un Big Mac ?

McDonald's et les autres chaînes ne prirent pas l'initiative de différencier leurs produits. Toute entreprise commerciale a trois types de produits : elle utilise le premier pour sa publicité, le deuxième pour ses ventes et le troisième pour gagner de l'argent.

Inutile de gaspiller de l'argent pour promouvoir un produit tout simplement parce qu'il est vendable et qu'il peut vous rapporter d'importants bénéfices.

Croyez-vous qu'une salle de cinéma fait de la publicité pour les popcorns qu'elle vend ? Non, elle en fait pour le film qu'elle projette et gagnera de l'argent en vendant ses pop-corns et ses boissons.

Les prix des voitures annoncés par les détaillants dans leurs annonces publicitaires sont des prix plancher, étant bien entendu que les détaillants espèrent vendre leurs véhicules à des prix supérieurs; c'est en vendant des transmissions automatiques, des servofreins, des auto-radios et d'autres accessoires qu'ils réalisent leurs bénéfices.

Théoriquement, une chaîne de restauration rapide d'hamburgers fait de la publicité pour ses hamburgers, les vend accompagnés de frites et gagne de l'argent en vendant ses boissons rafraîchissantes. Si vous suivez cette politique, vos bénéfices seront réduits à leur strict minimum. Vous pourrez peut-être rentrer dans vos frais, mais à condition que les enfants boivent suffisamment de Coke à 90 cents.

C'est une très grave erreur pour une entreprise que de confondre le produit qu'elle vend avec les produits pour lesquels elle devrait faire de la publicité. Peu importe ce que vous vendez à votre client une fois qu'il est dans votre magasin. Mais vous ne devez pas faire de la publicité pour un article qui risque d'affaiblir votre position.

On peut très bien vendre des sandwichs au poisson, mais lancer une campagne publicitaire pour ce produit peut être dangereux si cela affaiblit votre position pour les hamburgers.

McDonald's déclencha les hostilités en attaquant les bistrots de la montagne Hamburger sur sa ligne médiane. Ce serait un comble si, en voulant rafler des affaires à sa périphérie, McDonald's devenait une chaîne de cafés-restaurants proposant un éventail complet de mets…

«Me too», déclare Burger King

Pendant les années quatre-vingt, Burger King emboîta le pas. Ainsi que le déclara un cadre de cette chaîne : «Jamais un concurrent n'a tant fait parler de lui. Nous avons suivi la politique de McDonald's pas à pas.»

Burger King lança une variété complète de sandwichs : au veau parmesan, au rosbif, au jambon, au fromage, au blanc de poulet désossé, au filet de poisson et au bifteck. Néanmoins, tous ces délicieux sandwichs ne firent pas long feu. «Nous avons perdu notre identité», déclara le même dirigeant de Burger King.

Les franchisés restèrent impassibles. Ils ne cessèrent de rappeler à la direction que le nom de la société était Burger King et non pas Sandwich King.

La chaîne alla jusqu'à copier Ronald McDonald's en inventant un personnage appelé Magical Burger King afin d'attirer les parents et leurs enfants vers leurs établissements.

Les ventes de Burger King à la fin de l'exercice 1982 accusèrent un ralentissement. Cette année-là le montant de ses bénéfices bruts avant imposition augmentèrent seulement de 8 pour cent. A titre de comparaison le bénéfice net après imposition de McDonald's augmenta de 15 pour cent.

Jouer avec les produits est une chose; jouer avec les profits en est une autre. En fin de compte, la société mère envoya un de ses fantassins de Pillsbury pour reprendre les affaires en main. Certains sandwichs excentriques furent rayés du menu. Cependant, le secteur qui subit le plus de remaniements fut celui de la publicité.

La bataille des hamburgers

Burger King s'attaqua de nouveau à la ligne médiane des produits de McDonald's. Il appliqua la stratégie offensive classique qui consiste à exploiter la faiblesse inhérente à un leader qui a élargi démesurément sa ligne de produits.

Pour que la publicité porte pleinement ses fruits, il fallait mettre l'accent sur le fait que les hamburgers Burger King étaient meilleurs que ceux de McDonald's, pour la bonne raison qu'ils étaient cuits sur le gril alors que ceux du concurrent étaient frits.

Le slogan : «Les grillades contre les fritures» attira immédiatement l'attention du public et de celle des avocats de la société McDonald's qui déposèrent immédiatement une plainte.

Rien n'aurait jamais pu arriver de mieux à Burger King. La réaction d'indignation de McDonald's se transforma rapidement en une affaire qui alimenta la chronique des trois réseaux de télévision, de quelques dizaines de stations de radio et des journaux des quatre coins des Etats-Unis.

Les ventes de Burger King crevèrent le plafond. Elles augmentèrent de 10 pour cent en moyenne par rapport à l'année précédente, alors que celles de McDonald's ne progressèrent que de 3 pour cent. Ces chiffres paraissent peut-être dérisoires, mais ils doivent être examinés sur une large échelle; ils sont l'aboutissement d'une rude bataille et d'énormes dépenses.

Le budget de publicité de Burger King ne parvint pas à égaler celui de McDonald's. Cependant, la société Burger King réussit à dégager 120 millions de dollars pour sa campagne publicitaire télévisée.

Pendant qu'elle était en train de lancer ces attaques offensives, une autre chaîne utilisa une stratégie de marketing différente.

L'attaque de flanc contre McDonald's

La société Wendy's fut fondée par un ancien vice-président de Kentucky Fried Chicken. Elle ne construisit son premier débit d'hamburgers en style rétro qu'en 1969.

Après un démarrage tardif, Wendy's connut un développement rapide en attaquant par les flancs le segment de la clientèle adulte du marché des hamburgers. La publicité de Wendy's avait pour but de capter l'attention des adultes sur le fait que les rations de ses hamburgers étaient spécialement conçues pour eux; et ils étaient invités à venir les consommer dans une atmosphère feutrée, sans distribution gratuite de chapeaux ni de ballons. Se faire servir selon son goût chez Wendy's signifie : «Sans condiments, sans sauce piquante et sans enfants.»

Le plus petit hamburger de Wendy's pèse une centaine de grammes. En outre il est carré, si bien qu'il dépasse du petit pain dans lequel il est servi.

Wendy's réussit à faire passer son message de vente d'hamburgers pour adulte en adoptant une stratégie publicitaire fondée sur le slogan : «Le hamburger bien chaud et juteux qui nécessite beaucoup de serviettes en papier.»

Qui prendrait le risque d'acheter un tel hamburger à son enfant ? Imaginez dans quel état seraient ses vêtements en arrivant à la maison.

Les marges bénéficiaires de Wendy's atteignirent presque le double de la moyenne des autres chaînes de restauration rapide et talonnèrent celles de Burger King. (En fait, la rentabilité par unité de Wendy's dépassa celle de Burger King.)

Puis arriva Clara Peller, la merveilleuse octogénaire. Jamais un boniment de spot publicitaire télévisé n'a autant frappé l'imagination du public que le slogan «Suivez le bœuf».

Il donna un coup de fouet aux ventes de Wendy's qui augmentèrent de 26 pour cent en 1984. Ce fut le premier slogan à passer dans le langage quotidien depuis des années. Il fut prononcé par Walter Mondale et par un grand nombre d'autres personnalités.

De plus, il cadrait parfaitement avec le point essentiel de la stratégie de Wendy's : le super hamburger pour adulte, et permit d'accélérer encore davantage les ventes de cette société.

La suite des événements nous prouve que la stratégie doit dominer la publicité, et non l'inverse. Le même réalisateur, le même chef décorateur, le même réalisateur et le même metteur en scène se réunirent pour se partager les rôles; bref, le scénario classique. La nouvelle campagne publicitaire de Wendy's utilisait le thème : «Wendy's vous vend du blanc de poulet désossé 100 pour cent naturel». (Et non pas du poulet traité, comme chez les concurrents.)

Tout comme McDonald's avant lui, Wendy's finit par se «dégonfler». Que s'est-il passé ? Rien.

Wendy's aurait donc intérêt à vendre à nouveau de la viande de bœuf et à rappeler Clara Peller. Dans une attaque de flanc, la poursuite de l'offensive est aussi décisive que l'attaque elle-même.

La guérilla
de pénétration du marché par la base

Un exposé sur la guerre des hamburgers qui passerait sous silence l'histoire de la société White Castle serait incomplète. Fondée en 1921 et implantée dans les régions Nord-Est et Centre-Ouest septentrionale des Etats-Unis, cette petite chaîne composée de 170 établissements a toujours géré son affaire de manière strictement identique.

«On trouve rarement une chose immuable sur terre, déclara un des clients de cette chaîne, mais lorsque je vais chez White Castle, je peux commander le même type d'hamburger que lorsque j'avais cinq ans... c'est-à-dire il y a trente-cinq-ans.» L'hamburger White Castle inspire un sentiment de nostalgie ineffable à ses adeptes.

Les établissements de cette société furent construits à l'époque de la Dépression, avec de la tôle revêtue de faïence émaillée et, fait remarquable, chacun d'entre eux réalise un volume annuel de 1,28 millions de dollars, allant jusqu'à coiffer McDonald's lui-même sur la base des résultats obtenus par établissement.

Principe de guérilla numéro 2 : *Quelle que soit l'ampleur de votre réussite, n'agissez jamais en leader*. A White Castle, on ne sert ni Egg McMuffins, ni Whoppers, ni pommes de terre cuites au four avec un choix de quatre garnitures; et il n'y a pas d'Université Hamburger.

Il existe plusieurs manières de vendre des hamburgers. Le tout est de savoir appliquer la stratégie appropriée. Comme en témoigne la société White Castle qui réussit à survivre dans la coexistence pacifique avec ses puissants voisins.

Chapitre 14

La guerre informatique

*Dans une affaire telle que la guerre,
les erreurs dues à la bonté d'âme sont la pire des choses.*
Karl von Clausewitz

IBM est à la guerre de l'informatique ce que Coca-Cola est à la guerre des colas. Et, jusqu'à présent du moins, les Bleus (IBM) défendent mieux leur position que les Rouges (Coca-Cola).

IBM bat systématiquement tous ses concurrents à plate couture. Les personnes qui étudient la guerre de marketing n'y trouveront rien à redire, car ce n'est pas la bonté d'âme qui anime le personnel d'Armonk.

Ce n'est pas non plus le principe de l'entente cordiale. IBM n'hésite pas à écraser ses concurrents chaque fois que la situation l'exige. Avant de critiquer sa politique, il faut que vous compreniez la nature de la guerre informatique. Si la société IBM n'avait pas fait usage de la force à certains moments cruciaux de son histoire, cela lui aurait coûté cher.

N'attendez pas pour anéantir votre concurrent, sinon c'est lui qui vous anéantira.

Sperry Rand contre IBM

C'est en 1943 qu'un professeur et un étudiant diplômé de l'Université de Pennsylvanie construisirent le premier ordinateur. Ce monstre de 30 tonnes, appelé ENIAC (Electronic Numerical Integrator and Calculator), était mille fois plus rapide que n'importe quelle machine analogique.

Le professeur s'appelait John W. Mauchly, alors que l'étudiant s'appelait J. Presper Echkert. Après avoir vendu leur société à Sperry Rand, ils conçurent d'autres machines, dont le célèbre UNIVAC mis au point en 1950.

En 1951, la division Univac de Sperry Rand vendit le premier ordinateur commercialisé au monde à l'Office Américain des Recensements.

Quelques années plus tard, IBM se lança à l'assaut du marché. L'enjeu était le contrôle du produit le plus important du 20e siècle.

Deux petites entreprises s'affrontèrent. Le combat se termina quelque temps après par une escarmouche. Chaque camp profita de ses atouts. La société Sperry Rand fut avantagée par le fait qu'elle était le leader au plan technologique, alors qu'IBM avait l'avantage d'être installé sur le marché du matériel de bureau.

Certes, la bataille aurait pu évoluer indifféremment dans un sens ou dans l'autre. Cependant, son issue fut l'aboutissement d'un effort sans relâche conforme à l'application du principe de la force.

IBM arriva en tête et conserva sa position. Les batailles de marketing n'ont rien de comparable avec les matchs de basket-ball où chaque équipe mène à tour de rôle.

Elles ressemblent davantage à des batailles militaires. Clausewitz déclare : «Le déroulement de la bataille ressemble à une lente rupture d'équilibre plutôt qu'à un mouvement de va-et-vient, comme le prétendent tous ceux qui se laissent fourvoyer par des descriptions mensongères.»

La plupart des spécialistes de marketing n'auront jamais l'occasion de participer à une lutte aussi élémentaire que celle qui se déroula pendant les années cinquante entre IBM et Sperry Rand. Mais si jamais cela arrivait, n'oubliez pas ce que Clausewitz déclare : «Un général doit s'efforcer de jeter tout son poids dans la balance au cours de la première bataille, en espérant ainsi la remporter.»

La nécessité d'imposer d'entrée de jeu sa supériorité doit être l'une des préoccupations majeures d'un bon général de marketing; tout comme dans une partie d'échecs le fait de prendre une pièce à l'adversaire dès le début de la partie suffit pour vous assurer la victoire.

Après avoir vaincu Sperry Rand, IBM consolida ses gains. D'autres sociétés se lancèrent à l'assaut du secteur de l'informatique. Néanmoins, IBM parvint à rafler annuellement 60 à 70 pour cent du marché. On appela l'industrie de l'informatique «Blanche Neige et les sept nains».

La première offensive généralisée contre la forteresse IBM fut lancée au début des années soixante-dix par l'un des nains. Toutefois, elle ne constitua pas un sérieux défi. On assista tout simplement à une réédition de la bataille de Balaklava en 1854.

Ce n'est pas en imitant le leader que l'on remporte la victoire. C'est l'erreur que commettent les sociétés. Elles essaient de découvrir quelle est la politique d'IBM en appliquant la même stratégie. La société RCA est même allée jusqu'à engager d'anciens cadres IBM pour la mise en œuvre de son plan d'action informatique.

On ne peut être victorieux qu'en chamboulant la stratégie du leader. En trouvant le point faible dans sa force; en lançant des attaques de flanc; en devenant un guérillero et en concentrant ses forces.

Les sociétés RCA et GE furent englouties par les vagues des Bleus. Ce fut au tour des cinq concurrents restés en lice, à savoir le BUNCH (Burroughs, Univac, NCR, Control Data et Honeywell) de prendre l'initiative. Qui allait être le prochain concurrent à menacer IBM ? En fait, aucun d'entre eux.

DEC contre IBM : premier round

A l'époque où les grandes sociétés se démenaient pour parvenir à soustraire des affaires à IBM dans le secteur des gros ordinateurs, une nouvelle petite entreprise, appelée Digital Equipment Corporation, s'acheminait vers une grande victoire de marketing dans le secteur de l'informatique; et ceci grâce à une attaque de flanc classique.

IBM construisait de gros ordinateurs, alors que DEC fabriquait de petits ordinateurs. IBM avait pour clients les utilisateurs finaux, tandis que DEC vendait aux constructeurs de matériel. IBM offrait en cadeau le logiciel, pendant que DEC prétendait ne pas savoir ce qu'était le logiciel.

Cette stratégie d'attaque de flanc est strictement identique à celle qu'utilisa Volkswagen et des centaines d'autres sociétés.

En 1965, DEC lança le PDP-8, le premier modèle d'une nouvelle gamme de mini-ordinateurs. Son utilisation allait se répandre rapidement dans les secteurs de la recherche scientifique, de l'éducation, de la régulation industrielle et des soins médicaux.

C'est alors que la société IBM commit une de ses rares erreurs en ne se protégeant pas de l'attaque de DEC. Principe défensif numéro 3 : *Il faut toujours enrayer les puissantes manœuvres de vos concurrents.*

Les leaders ont tendance à être plus vulnérables lorsqu'ils sont menacés par une attaque de flanc par la base du marché. IBM fut victime de son orgueil. «Quel est le client qui achèterait un mini-ordinateur en version dépouillée et bon marché sans le logiciel et le support technologique d'IBM ?»

C'est par milliers que les sociétés en achetèrent. Les ventes des mini-ordinateurs DEC décollèrent. Digital Equipement devint l'enfant chéri de la bourse. Finalement, les ventes de DEC augmentèrent jusqu'à dépasser la barre des 4 milliards de dollars.

Hewlett-Packard, Data General, Honeywell et d'autres constructeurs prirent le train de la micro-informatique en marche. IBM allait-elle franchir le pas ? Ce n'est qu'en 1976 que les Bleus lancèrent leur mini-ordinateur Serie 1 sur le marché.

Aucune société, même IBM, ne peut s'offrir le luxe d'atermoyer pendant onze ans; car c'est faire un cadeau à ses adversaires, et on ne peut rattraper le temps perdu. La part de marché d'IBM dans le secteur des mini-ordinateurs n'a jamais dépassé 10 pour cent. DEC continue à dominer le marché avec une part avoisinant 40 pour cent.

Vers la fin des années soixante-dix, le monde de l'informatique avait à nouveau changé. De jeunes sociétés telles qu'Apple, Radio Shack et Commodore inaugurèrent le terme d'ordinateur personnel.

Le décor était planté pour une nouvelle version du combat de David contre Goliath.

DEC contre IBM : deuxième round

DEC et IBM furent les spectateurs privilégiés de la naissance de toute une industrie créée à partir du microprocesseur à 8 bits, ou «ordinateur à puce».

Bientôt de nombreux constructeurs de micro-ordinateurs, d'ordinateurs personnels et d'ordinateurs domestiques s'implantèrent sur le marché.

Mais qu'étaient en somme ces étranges petites bêtes ? Et à quoi servaient-elles ? A faire des jeux à la maison ? Pouvait-on les utiliser à l'école pour apprendre l'informatique ou au bureau pour faire du traitement de texte ou de la comptabilité ?

En fait, elles pouvaient faire tout cela et même davantage. Le micro-ordinateur (ou l'ordinateur personnel ou l'ordinateur domestique) était vraiment un petit ordinateur à usage général. Avec un ordinateur de quelques milliers de dollars on pouvait effectuer presque toutes les tâches qui autrefois auraient nécessité un gros ordinateur d'un million de dollars.

Ce territoire était le domaine réservé de la société DEC. On peut facilement prétendre a posteriori qu'elle aurait dû défendre la position qu'elle occupait sur le marché des mini-ordinateurs. Inutile d'être visionnaire pour savoir quelles sont les mesures appropriées de marketing qu'elle aurait dû adopter. Quelques connaissances en stratégie auraient suffi.

Vers la fin des années soixante-dix, la société DEC occupait une position extrêmement solide sur le marché, et devint même un peu trop sûre d'elle-même. Cela tenait probablement au fait qu'IBM n'avait pas lancé de contre-attaque au début de l'affrontement avec DEC.

En termes militaires nous dirions qu'après avoir achevé son attaque de flanc, DEC se devait de modifier sa stratégie en vue de défendre le territoire qu'elle occupait dans le secteur des mini-ordinateurs. Principe défensif numéro 2 : *La meilleure stratégie défensive consiste à avoir le courage de lancer une attaque contre soi-même.* DEC aurait dû être l'une des premières sociétés à déclencher une attaque contre la position qu'elle occupait sur le marché des mini-ordinateurs, en lançant un micro-ordinateur.

Mais elle n'a pas eu le courage ni la perspicacité nécessaires pour le faire. «L'ordinateur personnel se soldera par un cuisant échec dans le domaine de la gestion», déclarait Kenneth H. Olsen, PDG de DEC.

Ce fut probablement la plus grave erreur d'appréciation commise par une personnalité du monde économique américain depuis le jour où Henry Ford ne jugea pas utile d'entraver l'attaque de flanc lancée par General Motors contre le marché haut de gamme.

Ken Olsen est un informaticien de génie. Néanmoins, même les génies peuvent parfois se tromper. Ainsi que le déclara une fois Fiorello LaGuardia : «Je ne commets pas souvent d'erreurs, mais quant cela m'arrive, c'est une perle.»

La société DEC aurait pu devenir un géant de l'informatique, voire même une entreprise plus puissante que les Bleus, si elle s'était positionnée de bonne heure et sans hésitation sur le secteur des ordinateurs personnels. Car c'était un des éléments essentiels de la situation et il échappa à la plupart des spécialistes de marketing.

Les gens achetèrent des micro-ordinateurs non pas en tant qu'ordinateurs personnels, mais en tant qu'ordinateurs de gestion à usage domestique ou de bureau. Et aucune des sociétés informatiques ne jouissait d'une notoriété de constructeur d'ordinateurs de gestion. On leur attribuait plutôt une vocation de fabricants d'ordinateurs domestiques ou de loisir.

La société General Motors allait-elle équiper ses bureaux d'ordinateurs Radio Shack TRS-80 ? (Les micro-amateurs l'ont surnommé avec humour le Trash 80*.) Ou allait-elle choisir des Commodore Pets ou des Apple II ?

La société DEC bricola pendant que l'on faisait des heures supplémentaires à Boca Raton, où l'on préparait le lancement de l'IBM PC.

Elle aurait dû mobiliser toutes ses forces afin de protéger la position qu'elle occupait sur le marché des mini-ordinateurs au lieu de disperser ses efforts dans les quatre domaines sans lien entre eux suivants :

1. Elle ouvrit quelques dizaines de magasins de détail pour concurrencer Radio Shack, ComputerLand et des milliers d'entreprises indépendantes. Résultat : une offensive très faible contre des concurrents retranchés sur leur position.

2. Elle prit des risques dans le domaine des machines à traitement de texte, en s'attaquant à Wang, un puissant concurrent, et à toute une série de sociétés spécialisées telles que CPT, NBI et Lanier.

3. Elle ne cessa d'améliorer sa gamme de mini-ordinateurs jusqu'à ce qu'ils fassent pratiquement concurrence aux gros ordinateurs IBM. Elle investit beaucoup de talent et de moyens dans cet affrontement de superminis.

4. Elle consacra beaucoup d'efforts et de ressources à la mise au point de systèmes de bureautique sophistiqués.

Sur le plan financier, DEC dégagea une somme de 24 millions de dollars pour aider au financement de Trilogy Ltd., une société de technologie avancée fondée par Gene Amdahl pour la construction d'un ordinateur ultrarapide capable de concurrencer les gros ordinateurs haut de gamme IBM.

---

* N.D.T. : *trash* signifie gâchis en argot américain.

D'une part, toutes ces opérations se déroulèrent en marge des activités informatiques de la société DEC. D'autre part, celle-ci refusa de lancer l'unique produit qui aurait pu protéger sa base d'opérations.

En 1980 DEC était le plus grand constructeur mondial de mini-ordinateurs. En 1981 IBM lança le PC.

DEC contre IBM : troisième round

Personne au monde ne fut surpris par le succès immédiat que remporta l'IBM PC. D'aucuns diront qu'il est dû à la puissance évocatrice du sigle de trois lettres : IBM. Ce qui n'est pas tout à fait vrai.

Certes, la société IBM était solidement implantée dans l'informatique; mais elle n'occupait une position que dans le secteur des gros ordinateurs. Elle ne jouissait d'aucune notoriété dans celui des mini-ordinateurs; cette position appartenait à DEC. Cependant, Digital Equipment n'ayant pris aucune initiative, IBM s'empara sans la moindre résistance du marché des ordinateurs personnels de gestion. Puis tout le monde se rendit compte du fait que les ordinateurs personnels convenaient beaucoup mieux à la gestion qu'aux activités domestiques. Cela aurait dû être évident dès le départ.

Dans le domaine du marketing, la chance joue un rôle bien plus important que ne l'admettent la majorité des spécialistes. A telle enseigne que même une grande société telle qu'IBM n'échappe pas à la règle. Entre la conception de l'Altair et celle de l'IBM PC, soit pendant six ans, aucun véritable ordinateur de gestion ne fut lancé par une société connue dans le secteur commercial.

Il y eut deux petites sorties dans ce sens, mais qui se résumèrent à très peu de chose. En janvier 1980, Hewlett-Packard lança le HP-85, une timide imitation de l'Apple II. Mais cet ordinateur avait une vocation scientifique et professionnelle, et non pas de gestion. En juillet 1981 Xerox lança le 820.

Dans l'esprit des gens, Xerox était un constructeur de photocopieurs. Il aurait fallu bien plus qu'un printemps pour transformer cette vision des choses. Le 12 août 1981 le premier PC «largué» par IBM fit l'effet d'une bombe. Soudain, le jeu prit une autre allure.

IBM fut la première société d'informatique de gestion à lancer un ordinateur personnel. Elle n'eut donc aucun mal à occuper rapidement le terrain. Le marché était libre, puisqu'aucune société n'y était implantée. De plus, il existait déjà un marché pour les ordinateurs personnels, car des milliers d'hommes d'affaires en achetaient à des sociétés de fabrication d'ordinateurs domestiques telles que Apple et Radio Shack.

Digital Equipment et Hewlett-Packard virent leurs espoirs s'évanouir car IBM avait pénétré le marché par la base.

DEC avait vaincu IBM seize années plus tôt en l'attaquant par les flancs avec son mini-ordinateur. C'était à présent au tour d'IBM d'utiliser la même stratégie contre son adversaire, à l'aide de son ordinateur personnel.

DEC ne riposta à la manœuvre d'IBM que le 10 mai 1982, en lançant son propre ordinateur personnel. Mais, elle commit une erreur fondamentale.

DEC était désormais en position offensive et devait donc trouver une faille dans la gamme d'IBM. Principe offensif numéro 3 : *Il faut lancer l'attaque sur un front qui soit le plus étroit possible.* Aussi incroyable que cela puisse paraître, ce n'est pas un seul ordinateur personnel que DEC lança, mais trois : le Rainbow, le Professional, et le DEC-mate.

La gamme complète est un luxe que seuls les leaders peuvent se permettre. Une stratégie destinée à la promotion de trois articles différents, mais sans marché précis, est fatalement condamnée à l'échec. En 1984, IBM vendit dix fois plus d'ordinateurs personnels que DEC. Etant donné que le volume de ses stocks n'arrêtait pas d'augmenter, DEC décida au début de 1985 de cesser la production de son modèle Rainbow (le modèle le mieux vendu des trois).

Ken Olsen aurait déclaré au commencement de la partie qu'il n'attachait aucune importance au fait que sa société était arrivée la dernière sur le marché; en laissant sous-entendre, bien entendu, que le dernier concurrent à entrer en lice est capable d'adapter les caractéristiques et le prix de son produit de manière à ce qu'il soit plus performant que celui des concurrents.

L'opinion selon laquelle dans une bataille de marketing le meilleur produit finit généralement par vaincre est partagée par un grand nombre de dirigeants.

Cependant, la plupart des informaticiens admettent que contrairement aux ordinateurs personnels Altair et Apple qui le précédèrent, l'IBM PC n'apporta aucune innovation sur le plan technologique au secteur de la micro-informatique. IBM remporta la guerre du PC en utilisant les mêmes armes que celles qui étaient à la portée de ses concurrents.

Les conditions furent identiques à celles d'une guerre militaire. Les Alliés ont-ils gagné la seconde guerre mondiale parce qu'ils avaient de meilleures armes que celles des Allemands ? Est-ce que les Américains ont perdu la guerre du Vietnam parce que leurs armes étaient moins perfectionnées que celles de leurs adversaires ? L'élément décisif qui fit pencher la balance au cours de ces guerres militaires fut le principe de la force. Il en fut de même pour la guerre des ordinateurs personnels.

Cependant, l'industrie informatique fut à nouveau obligée de tirer l'enseignement de ces principes.

Tous contre IBM

Les concurrents ne tardèrent pas à riposter en lançant une violente attaque de publicité contre IBM.

«Dimension. L'ordinateur le plus puissant et le plus compatible qui puisse exister», disait un slogan publicitaire. «Vendu au même prix que l'IBM PC, il est imbattable pour son rapport qualité-prix», ajoutait le texte de la publicité pour Dimension.

«Comment acheter un IBM PC au prix de 1995 dollars ?», déclarait un autre concurrent. «Il suffit d'acheter un Chameleon», disait le texte publicitaire.

Apparemment, la guerre de marketing a provoqué des sentiments d'orgueil de la pire espèce parmi les sociétés, à savoir le machisme.

«Il ne suffit pas d'avoir du cran pour se mesurer à IBM et à Wang», déclarait une annonce publicitaire pour Syntrex, en voulant ainsi faire preuve de virilité. (Non Syntrex, il ne suffit pas d'avoir du cran pour se mesurer à IBM et à Wang. Il faut avoir beaucoup d'argent.)

«Pourquoi acheter un ordinateur de gestion portant la marque d'une société dont vous n'avez jamais entendu parler, ou presque ?» Telle était la question d'un article publicitaire de trois pages paru dans *Tele-Video*. La publicité présente des systèmes «plus performants, plus fiables et d'un meilleur rapport qualité-prix que les sociétés dont vous avez entendu parler».

Toutes les sociétés connues ou inconnues se lancèrent à l'assaut d'IBM. «Nous allons pourchasser IBM et nous venger», déclara Wang lors d'une campagne tout à fait caractéristique de l'époque. «Nous sommes prêts et nous avons hâte d'affronter IBM de front.»

Même la société AT&T Information Systems se lança dans la bataille. «A ce stade de l'affrontement entre les ordinateurs personnels, vous avez vraiment intérêt à savoir qui mène…» Tel fut l'énoncé d'un spot publicitaire pour AT&T. Sur une fiche de performances étaient spécifiées la vitesse, les possibilités d'extension, de graphisme et de compatibilité de l'ordinateur, ainsi qu'une rubrique intitulée «Etc.» Et quel était le score ? Il était de cinq à zéro en faveur d'AT&T face à IBM. (Mais le marché fut cinquante fois plus favorable à IBM qu'à AT&T).

Texas Instruments, une autre société bien connue, voulut donner une bonne leçon à IBM. «Les ordinateurs de gestion de Texas Instruments osent se mesurer à ceux d'IBM !» annonça un message publicitaire.

Mais malheureusement, Texas Instruments est bien connue pour ses échecs. En 1983, par exemple, la société liquida son département d'ordinateurs domestiques et eut des pertes d'exploitation et des provisions d'un montant de 660 millions de dollars. (Comment une entreprise qui ne réussit à concurrencer ni Atari, ni Commodore, ni Apple, peut-elle prétendre pouvoir se mesurer à un adversaire tel que «King Kong» ?)

Radio Shack fit paraître un article publicitaire d'une page complète dans le *Wall Street Journal* dans lequel on pouvait lire que son Tandy 2000 était «nettement meilleur que les ordinateurs d'IBM, d'AT&T, de Compaq, d'Apple et d'Hewlett-Packard.»

Ainsi, les sociétés Dupond, Durand, et Tartempion vantèrent leurs ordinateurs en prétendant qu'ils étaient de meilleure qualité que ceux d'IBM. Mais une société appelée Leading Edge franchit un pas de plus dans l'escalade verbale.

Elle décida modestement d'intituler son encart publicitaire : «Le jour où l'Ordinateur Personnel d'IBM devint obsolète.» Et le texte fut le suivant : «Un beau matin d'automne de l'année 1983 on annonça que le Leading Edge PC était un ordinateur personnel de bien meilleure qualité que l'IBM PC, et qu'il coûtait deux fois moins cher que ce dernier.»

Votre IBM PC était donc devenu obsolète. Qu'allait-on en faire ? Les responsables de Monroe, toujours prêts à vous rendre service, se faisaient un plaisir de vous donner «quelques modestes suggestions sur la manière d'utiliser l'ordinateur du passé.» La publicité de Monroe conseillait aux gens d'utiliser leur IBM PC comme frigidaire ou comme lampe de bureau. «La nouvelle norme en matière de micro-ordinateurs, c'est le Monroe System 2000», déclarait la publicité.

En 1982, les sociétés informatiques dépensèrent moins d'un milliard de dollars pour leur publicité. Deux années plus tard, elles dépassèrent la barre des 3 milliards par an, ayant dépensé plus que les sociétés d'automobiles et de cigarettes, pour ne citer que deux secteurs auxquels les entreprises consacrent des budgets de publicité élevés.

Face à cette avalanche d'attaques lancées par la concurrence, IBM a-t-elle riposté ? Bien sûr que non. C'eût été une mauvaise stratégie défensive.

IBM contre IBM

Après s'être emparé du marché du PC, IBM pointa ses canons dans une autre direction et utilisa une stratégie défensive classique.

Il faut lancer des attaques contre soi-même. Cette stratégie utilisée par Gillette et General Motors donna aussi de bons résultats pour IBM.

Le fait que la société IBM connaisse bien cette tactique la favorise. En effet, ses clients savent que les Bleus continueront à lancer de nouveaux produits de meilleure qualité rendant obsolètes ses propres produits.

«Moins cher et meilleur qu'IBM.» Voilà, en fait, en quoi consiste la stratégie d'IBM. Il est difficile pour un concurrent d'atteindre une cible en perpétuel mouvement. Et les clients et prospects ont bien prouvé qu'ils étaient prêts à attendre le lancement de nouveaux produits IBM.

Ils se présentèrent implacablement sur le champ de bataille des ordinateurs personnels. Le premier fut le PC XT. Il était équipé d'un disque dur capable de stocker 5000 pages de texte.

Puis apparut le PC AT, équipé d'un microprocesseur totalement neuf. «L'ordinateur IBM AT exerce des pressions sur ses rivaux et sur le reste de la gamme des IBM PC. Malgré son prix étonnamment bas, l'IBM AT est remarquablement puissant et devrait susciter un vif intérêt, ce qui oblige les concurrents d'IBM à replanifier la conception de leurs produits et stratégies», déclara le *Wall Street Journal*. D'après un ingénieur-conseil, le total des ventes de l'IBM AT devrait, d'ici un an, dépasser celui de l'Ordinateur Personnel originel et du PC XT confondus.»

Le lancement du modèle AT ne suscita aucun commentaire de la part des concurrents d'IBM. Le *New York Times* annonça «L'entrée en scène d'IBM à l'exposition face à une concurrence inexistante.» Il s'agissait de l'exposition Comdex, le plus important salon professionnel de l'industrie informatique, qui attire 100 000 visiteurs. «Aucun des principaux concurrents d'IBM n'a exposé la moindre machine capable de défier le PC AT», déclara le *Times*.

Quoi d'étonnant à ce que ce journal ait écrit : «Une ambiance solennelle plane sur le salon de l'informatique.» «L'industrie des ordinateurs personnels semble avoir des difficultés à sortir de l'ornière dans laquelle elle s'est laissé enfermer», déclara John Sculley d'Apple.

Cette ornière s'appelait IBM.

Peu de temps après, les publications dans lesquelles étaient parues les attaques publicitaires contre IBM se mirent à communiquer la liste des victimes dans les rangs des attaquants. Raytheon avait abandonné sa Division Informatique et avait subi des pertes nettes s'élevant à 95 millions de dollars. Computer Devices, Gavilan Computer, Osborne Computer, Victor Technologies et Franklin Computer firent faillite.

Pitney Bowes abandonna les machines à traitement de texte et subit des pertes nettes d'un montant de 22,5 millions de dollars. Eagle Computer, Fortune Systems, Columbia Data Products et Vector Graphic accumulèrent de lourdes pertes.

Silicon Valley fut envahi par la crainte. Et afin d'exploiter la situation, IBM lança une campagne publicitaire sur le thème : «Ce que la majorité des gens désirent lorsqu'ils achètent un ordinateur, c'est de pouvoir dormir sur leurs deux oreilles», ce qui n'était pas fait pour arranger les choses du côté de Silicon Valley.

Ce serait commettre une erreur inverse que de prétendre qu'IBM est une société «toute puissante». Les entreprises, de même que les armées, ont une certaine force, mais elles ne l'exercent que dans le territoire qu'elles occupent. IBM peut tomber dans le panneau. S'il existe un territoire qu'IBM ne possède pas dans la mentalité des gens, c'est bien celui des ordinateurs domestiques.

Apple contre IBM : premier round

Apple en finit avec ses adversaires grâce au lancement de son Apple II : le premier ordinateur personnel «préconditionné». De plus, son «architecture ouverte» incita des centaines de sociétés à mettre au point des logiciels et des composants de matériel capables de traiter des milliers d'applications. Apple réussit en peu de temps à se tailler la part du lion dans le secteur des ordinateurs personnels. Puis, elle protégea la position qu'elle occupait grâce à l'utilisation de stratégies défensives de type classique.

Elle commença par lancer le II Plus, puis le IIe. Chaque nouvelle machine était compatible avec la précédente; chacune était conçue de manière à faire tourner les mêmes logiciels et avait pour vocation de remplacer son prédécesseur. (La meilleure stratégie consiste à avoir le courage de lancer une attaque contre soi-même.)

Puis fut lancé le modèle portatif IIc, qui n'avait pas été conçu pour remplacer le IIe. Néanmoins, il présentait des améliorations sur le plan des performances, et fut vendu à un prix meilleur marché que celui de son prédécesseur. Donc, dans une certaine mesure, il le concurrença.

Apple eut beaucoup moins de succès avec son Apple III, le seul modèle qui n'était pas un ordinateur domestique, mais plutôt de bureau; il ne pouvait proposer les mêmes logiciels que la «gamme des II» qu'il avait pour vocation de compléter et non pas de remplacer. L'industrie informatique réserva un accueil peu chaleureux au III, ce qui laissait présager de la suite des événements.

C'est sur cette toile de fond que le mastodonte d'Armonk lança le PCjr. «Jour J pour l'ordinateur domestique», déclara le magazine *Time*, qui lui prédit un avenir radieux. «Remportant tous les succès, IBM peut désormais nous vendre un ordinateur de salon», titra le magazine.

Mais le salon appartient à Apple.

Le clavier du PCjr fut révisé gratuitement. Son prix fut réduit d'un tiers. Et l'on dépensa 100 millions de dollars de publicité «Charlie Chaplin» pour sa promotion. Malgré tout cela le PCjr ne réussit pas à démarrer.

Le PCjr ne survécut que 18 mois après le Jour J. Il mourut assassiné par la nouvelle direction du service des Systèmes de Saisie d'IBM.

La société IBM fut peut-être atteinte dans son amour-propre par l'échec du PCjr, mais pas dans ses finances. Les revenus dégagés par le PCjr lors de sa dernière année ne s'élevèrent qu'à 150 millions de dollars. Ce qui représente une bagatelle par rapport au montant total des revenus d'IBM qui s'élèvent à 46 milliards de dollars.

Certains esprits critiques diront que ce n'était pas une question de stratégie mais de produit. Soit, mais nous possédons une multitude de preuves attestant qu'il ne suffit pas d'avoir un bon produit, encore faut-il contrôler les hauteurs dominantes. Le vainqueur est généralement le camp qui contrôle le territoire. Il s'agit là du deuxième principe clausewitzien : la supériorité de la défense.

Les Bleus essayèrent d'ouvrir des magasins de vente au détail pour faire concurrence à ComputerLand, MicroAge, Entré et à d'autres sociétés. Mais cette initiative aboutit au même résultat. «Les mésaventures d'IBM dans la jungle de la vente au détail. Description des problèmes des Bleus», titra le magazine *Fortune*.

La société IBM ne fut pas la seule à subir des pertes sur le front de la vente au détail. DEC, Xerox et d'autres firmes connurent le même sort. Ce n'est pas la taille de votre entreprise qui compte, mais la position qu'elle occupe. A noter que dans l'esprit des prospects, aucun des principaux constructeurs n'occupe une position stratégique solide sur le plan de la vente au détail.

Apple contre IBM : deuxième round

Ne confondons pas informatique individuelle et bureautique. L'industrie informatique est actuellement en train d'assister à une reprise du combat d'Apple contre IBM, à une différence près que, cette fois-ci, les résultats de l'affrontement risquent d'être différents car Apple joue sur le terrain d'IBM. Apple veut combler le vide laissé par Digital Equipement Corp. dans le secteur de la bureautique, suite au repli opéré par cette société dans ce domaine de l'informatique.

John Sculley et son équipe Macintosh dépensent annuellement 200 millions de dollars pour une vaste campagne publicitaire dans le but d'occuper la position numéro 2 de la liste des constructeurs d'ordinateurs de bureau.

Mais la société Apple est victime d'une faiblesse qui voue cette initiative à l'échec. Elle vend des ordinateurs domestiques et non pas de bureau.

Sculley est futé. En effet, vous remarquerez que le nom Apple n'est presque jamais inclus dans les messages publicitaires pour son Macintosh. Il sait que l'ordinateur de bureau Macintosh doit se démarquer par rapport à la position qu'occupe l'ordinateur domestique Apple.

Malheureusement pour la publicité, Macintosh et Apple ne cessent d'être indissociables; et c'est là que le bât blesse pour le Macintosh de Sculley.

Ce problème provoqua la démission de Steve Wozniak, co-fondateur d'Apple. «Apple a suivi une ligne politique archifausse pendant cinq ans», déclara-t-il.

En outre, Wozniak accusa la direction d'Apple d'avoir refusé de financer le suivi de la mise au point technique de l'ordinateur personnel Apple II.

Nous pensons que M. Wozniak a raison. Apple devrait concentrer ses efforts sur les secteurs de l'informatique domestique et de l'informatique de gestion des petites entreprises.

Concurrent numéro 2 contre IBM

«La situation actuelle du secteur des ordinateurs personnels et celle de l'industrie automobile du début du siècle sont semblables, déclara le magazine *Time*. A cette époque, comme de nos jours, une nouvelle technologie se développait. Ses effets potentiellement révolutionnaires attiraient une foule de sociétés; certaines d'entre elles s'appelaient même Apple et Commodore. Bien entendu, seuls quelques-uns des premiers constructeurs automobiles ont survécu.

Nul doute qu'IBM est devenu le General Motors du secteur des ordinateurs personnels. Dorénavant, la question est de savoir qui deviendra le nouveau Ford ou Chrysler, et qui sera le nouveau Locomobile ou Stanley Steamer ?», conclut le *Time*.

Qui deviendra le numéro 2 ? Au fur et à mesure que la société IBM se développe, elle offre une occasion unique pour une société informatique de se lancer et devenir un puissant numéro 2.

Digital était la société la mieux placée. Leader mondial du secteur de la mini-informatique, elle jouissait d'une bonne réputation sur le marché. Mais elle n'en a pas profité.

Hertz et Avis. Coke et Pepsi. General Motors et Ford. McDonald's et Burger King. Il y a toujours une place pour une société numéro 2.

Les entreprises qui souhaitent occuper la place vacante disposent d'un éventail de possibilités. Qui plus est, ce ne sont pas les postulants qui manquent : AT&T, Burroughs, Compaq, Data General, Hewlett-Packard, ITT, Motorola, NCR, Sperry, Wang, Xerox et Zenith.

Sans mentionner les concurrents japonais : Epson, Fujitsu, Hitachi, Minolta, Mitsubishi, NEC, Oki, Panasonic, Sanyo et Toshiba.

Vous perdez les pédales ? Et le client, croyez-vous qu'il arrive à s'y retrouver ? A l'heure actuelle, la notoriété est le meilleur outil de vente. Car au moment de l'achat, le client choisit avant tout sa marque d'ordinateur en fonction du nom de la société. Observons les faiblesses de certains concurrents.

AT&T est une société de téléphones et non pas une société informatique.

Burroughs est une entreprise de gros ordinateurs; et elle n'est pas particulièrement forte dans ce domaine.

Compaq déclencha une attaque de flanc par la base du marché contre IBM; mais il est peu vraisemblable qu'elle parvienne à changer sa stratégie en une guerre offensive.

158 La guerre informatique

Data General fut malchanceux dans son combat contre DEC dans le secteur de la mini-informatique.

ITT est un conglomérat. Sa part de marché est dérisoire.

NCR signifie National Cash Register, et non pas ordinateurs. Cette société remporta sa plus grande victoire informatique dans le domaine des systèmes de saisie de données de vente au détail, secteur dans lequel elle profita de son point fort : les caisses enregistreuses.

Sperry n'a pas eu beaucoup de chance dans le secteur des gros ordinateurs.

Wang est un constructeur de machines à traitement de texte. Il pourrait avoir une chance; mais sa position de machine à traitement de texte ne l'avantage pas.

Xerox est une société de photocopieurs. IBM n'a pas réussi dans ce domaine. Xerox ne parvient pas à percer dans le secteur de l'informatique.

Zenith fabrique des téléviseurs.

Les Japonais ? N'en parlons pas. Leur politique délibérée des petits pas n'est pas adaptée à un secteur qui évolue aussi vite que celui des ordinateurs personnels.

Et devinez quel est le concurrent qui a le plus de chances de ravir la deuxième place ? Hewlett-Packard.

Exactement. Nous pensons que cette société est celle qui a le plus d'atouts pour devenir la deuxième société informatique du monde. Hewlett-Packard n'est coiffée que par DEC dans le secteur de la mini-informatique. Ses ordinateurs personnels sont aussi conviviaux que ceux d'Apple.

Ce n'est pas en attaquant IBM que Hewlett-Packard réussira. Aucune société ne peut remplacer IBM.

Mais c'est en devançant Apple et en devenant le numéro 2 du secteur de l'informatique de gestion derrière IBM. Puis en prouvant qu'aucune société sur le marché ne peut égaler Hewlett-Packard dans ce domaine.

L'avenir nous dira qui avait raison.

Chapitre 15

Stratégie et tactique

*C'est une erreur de croire que la stratégie
ne dépend pas des résultats de la tactique.*
Karl von Clausewitz

Certaines sociétés estiment que pour mettre au point une stratégie il suffit de rassembler trois ou quatre têtes pensantes et de les enfermer dans une pièce jusqu'à ce qu'elles aient trouvé la solution. C'est la méthode dite de «la-réflexion-dans-une-tour-d'ivoire».

D'autres sociétés convient leurs cadres supérieurs à se rendre dans une salle de conférences (ou, de préférence, sur une île des Caraïbes) pour y développer des projets pour leur entreprise. Il s'agit de l'approche dite de «fuyons-le-téléphone-et-tout-le-reste.»

Ces deux méthodes sont de nature à favoriser la réflexion stratégique à long terme, dans des conditions de recul maximum par rapport aux décisions tactiques quotidiennes. Elles sont toutes les deux fausses.

La tactique doit précéder la stratégie

De même que le fond doit précéder la forme, la tactique doit précéder la stratégie. Autrement dit, le seul but fondamental de la stratégie c'est de réaliser les résultats d'ordre tactique. Toute stratégie qui ne contribue pas à de tels résultats doit être considérée comme erronée; quand bien même elle serait conçue avec brio et présentée avec clarté. La stratégie doit être élaborée en utilisant des éléments concrets et non pas théoriques.

Seul un général bien informé de ce qui se passe sur le champ de bataille est capable de mettre en œuvre une stratégie efficace.

Celle-ci doit provenir du terrain boueux du marché, et non pas de l'environnement aseptisé d'une tour d'ivoire. (Le général qui observe le déroulement de la bataille assis confortablement dans son fauteuil a un homologue, le président du conseil d'administration qui siège dans la salle de direction.)

Le seul objectif d'une stratégie de grande envergure est de faire en sorte que l'opération puisse être menée à bien au plan tactique. Le plan détaillé d'une opération militaire a schématiquement pour objectif de s'assurer que l'on dispose de deux soldats aptes et volontaires pour combattre l'ennemi, lequel ne peut à ce moment précis aligner qu'un seul soldat. Autrement dit, il permet d'appliquer plus facilement le principe de la force au niveau tactique.

Une stratégie de grande envergure peut être impressionnante, brillamment inspirée, audacieuse et courageuse. Néanmoins, elle est vouée à l'échec si elle ne prévoit pas l'emplacement des troupes sur le champ de bataille à l'endroit et au moment idoines, pour l'accomplissement de leur mission tactique.

Il n'existe pas de mauvaise stratégie ni, en l'occurrence, de bonne stratégie. Les stratégies n'ont aucun mérite en soi. Elles n'ont rien de commun avec la trame d'un roman ou l'ébauche d'un film, prêtes à s'envoler grâce à la magie du verbe ou de la musique.

Contrairement aux œuvres d'art, qui sont souvent jugées en fonction de leur originalité, de leur créativité et de leur hardiesse sur le plan de la réflexion, les stratégies de marketing doivent être jugées uniquement par rapport à leur efficacité au moment où elles entrent en contact avec le client et la concurrence.

En stratégie militaire, la première leçon est consacrée au maniement de la baïonnette. Ce n'est pas le hasard si celui que l'on considère comme étant le meilleur stratège que le monde ait connu débuta sa carrière dans l'armée prussienne à l'âge «avancé» de douze ans.

Karl von Clausewitz savait, par expérience, ce qu'était la guerre et ses horreurs. Il fut capturé par les Français à Iéna. Il fut présent à Borodino lors du rude combat entre les armées napoléoniennes et les troupes du tsar. Il participa également à la bataille de la Bérésina, l'un des spectacles les plus lugubres de l'Histoire, au cours de laquelle des milliers de Français furent littéralement écrasés par les chevaux des Cosaques. Enfin, il participa à la bataille de Waterloo.

Ses principaux concepts stratégiques sont le fruit de son expérience pratique. Clausewitz connaissait l'importance de la victoire pour avoir si souvent goûté à l'amertume de la défaite au cours de sa carrière.

Tous les grands stratèges militaires ont suivi la même filière. Ils ont étudié la stratégie en commençant par la tactique militaire. La tactique doit précéder la stratégie.

L'officier d'artillerie

Vers la fin du 18e siècle, il ne serait jamais venu à l'esprit d'un jeune homme aux origines monarchiques ou apparenté à une famille royale de vouloir servir dans l'artillerie, car c'était une mission bruyante, sale et éreintante. Les jeunes diplômés des grandes écoles de l'époque servaient plutôt dans la cavalerie, où l'on était sanglé de merveilleux uniformes et où l'on allait au travail à cheval.

Mais la tactique militaire était en train de changer. La cavalerie avait presque cessé de jouer un rôle dans les grandes batailles terrestres de l'époque, sauf pour les missions de reconnaissance. (Aucun carré britannique n'a jamais été enfoncé par une attaque de cavalerie.) C'est l'artillerie qui avait assumé un rôle tactique fondamental, car elle était capable d'infliger le maximum des pertes à l'ennemi.

Napoléon Bonaparte fut le général qui comprit le mieux ce principe. Ancien officier d'artillerie, il devint général à l'âge de vingt-quatre ans et empereur à trente-quatre.

Le secret du brio napoléonien réside dans l'art de manœuvrer l'artillerie de manière à exploiter ses effets tactiques au maximum. Napoléon a toujours su profiter de la mobilité de son artillerie en rassemblant ses canons et en les plaçant dans un champ de tir qui soit le plus court possible, de manière à battre en brèche les lignes ennemies, laissant ainsi le champ libre à son infanterie et à sa cavalerie.

«La clef de la véritable destinée des armées et des nations est entre les mains de l'artillerie. On n'a jamais trop de canons», déclara Napoléon.

Le commandant des blindés

Prenez une pièce d'artillerie, montez-la sur un moteur à combustion interne, blindez-la et équipez-la de chenilles. Qu'obtenez-vous ? Le char d'assaut, l'équivalent contemporain du canon de six de l'époque napoléonienne.

Quoi d'étonnant à ce que le meilleur stratège militaire de la seconde guerre mondiale ait également appris son métier sur le tas, avant de gravir les échelons. George S. Patton, Jr., était observateur à Cambrai en 1917 lorsque les Anglais lancèrent la première attaque de chars de grande envergure de tous les temps.

En 1918 Patton fut le premier Américain à être nommé commandant des blindés. Il mit en pratique ses connaissances en matière de tactique de chars au cours de la percée de Normandie et, en 1944, lors de sa traversée fulgurante de la France à la tête de sa Troisième Armée. Celle-ci pulvérisa tous les records connus de conquête de territoires.

Malgré son caractère parfois excessif, Patton fut un fin stratège, dont les succès militaires sont le fruit de l'application des concepts clausewitziens.

«On ne procède pas en commençant par planifier puis en essayant d'adapter les circonstances aux plans, mais en s'efforçant d'adapter les plans aux circonstances», déclara Patton, en ajoutant : «Je pense que la différence entre le succès et l'échec dans le haut commandement dépend de la capacité que l'on a à appliquer ce principe».

Le publicitaire

Dans la guerre de marketing, la publicité remplace les chars et l'artillerie. Tant que vous ne connaissez pas les principes d'utilisation tactique de la publicité, vous êtes désavantagé.

Les attaques lancées par de nombreux managers contre des concurrents retranchés sur leurs positions sont suicidaires et comparables à la bataille des tranchées de la première guerre mondiale. Ces dirigeants ignorent tout simplement à quel point la publicité peut être une arme tactique puissante. «Les arrières de l'ennemi sont un paradis pour les blindés, qui doivent utiliser tous les moyens pour s'y rendre», déclara Patton.

Apple n'a pas engagé John Sculley parce qu'il savait comment faire fonctionner une usine d'embouteillage, ni parce qu'il connaissait la formule secrète de fabrication du Pepsi-Cola, mais pour ses méthodes publicitaires. Tout comme le Grand Général qui eut affaire à plus fort que lui dans la bataille de Waterloo, Sculley lutte à armes inégales en employant sa stratégie «Apple l'ordinateur de bureau». Sa publicité a jusqu'à présent été habilement orchestrée. L'impact de son spot publicitaire «1984» utilisant le thème de George Orwell fut plus puissant que tout autre message publicitaire télévisé.

La vente directe au consommateur ainsi que les autres outils du marketing ne sont absolument pas périmés. Chaque corps d'armée a un rôle essentiel à jouer dans une guerre de marketing, comparable à celui de l'infanterie à l'époque napoléonienne. Cependant, la publicité est l'arme décisive que toute entreprise doit savoir utiliser de main de maître si elle veut remporter une victoire de guerre de marketing.

(Ce que nous entendons par publicité, bien sûr, c'est l'ensemble des moyens médiatiques permettant d'atteindre le marché : les supports de publicité imprimée et télédiffusée, la réclame, la publicité directe, la distribution d'échantillons, les catalogues de soldes, les affichages…, à l'exemple d'une division blindée qui se compose de canons auto-propulsés, de véhicules blindés de transport de troupes, de tout un déploiement de véhicules, et de chars d'assaut.)

D'aucuns pourraient émettre des critiques en citant de nombreux exemples de publicité mal orchestrée qui apparemment n'eurent aucun effet. Le lancement réussi de l'IBM PC n'a vraisemblablement pas été victime de l'utilisation néfaste de Charlie Chaplin pour la publicité d'IBM. C'est un fait indéniable. Une publicité médiocre constitue un obstacle mineur pour une société aussi puissante qu'IBM. Toutefois, une publicité qui laisserait à désirer serait fatale pour une société ne disposant pas de moyens comparables à ceux d'IBM.

La stratégie
peut s'accommoder d'une tactique banale

La stratégie est l'émanation d'une profonde compréhension de la tactique. Paradoxalement, une bonne stratégie ne dépend pas d'une tactique prodigieuse. L'essentiel d'une solide stratégie c'est qu'elle soit bâtie pour remporter la guerre de marketing sans aucun brio sur le plan tactique.

IBM n'avait pas besoin d'une publicité percutante pour gagner la guerre du PC. La stratégie d'IBM consistant à être la première société informatique à lancer un ordinateur personnel lui assura la victoire avant même d'avoir lancé le produit. Le tactique fonctionna avec merveille grâce à cette stratégie. IBM était persuadée du fait qu'elle devait adopter cette stratégie-là après avoir compris la tactique.

Tout en admettant que la publicité est une arme importante, de nombreux cadres de sociétés investissent, à tort, toute leur confiance en elle. Le type de publicité qu'ils recherchent doit être à même de créer le «coup magistral» qui leur permettra de gagner la guerre. La Bataille des Ardennes, au cours de laquelle Hitler lança une contre-attaque pendant l'hiver 1944, se renouvelle souvent dans l'arène du marketing. Les sociétés misent entièrement sur un vaste programme publicitaire capable de «sauver la situation».

Ce sont souvent des situations irrémédiables, que l'on peut expliquer par un raisonnement direct. Si la stratégie est bonne, on peut remporter la bataille quelle que soit la tactique. En revanche, s'il faut utiliser une brillante tactique pour gagner la bataille, cela signifie que la stratégie n'est pas solide.

Autrement dit, en investissant sa confiance dans le brio tactique, une entreprise s'en remet également à une stratégie hasardeuse. Dans ces conditions, la société part à la guerre en étant armée de deux moyens aussi désastreux l'un que l'autre : (1) une stratégie médiocre, et (2) une dépendance envers un brio tactique qui, comme en témoigne l'Histoire, n'est pas fréquent.

La foudroyante traversée de la France par Patton fut accueillie avec enthousiasme par le monde libre. Néanmoins, il est vrai que nous aurions pu gagner la guerre sans lui.

Rien n'est absolu. Dans le domaine du marketing comme dans la guerre militaire, il arrive que le sort s'acharne violemment. «Plus la situation est inéluctable, plus elle vous oblige à asséner en désespoir de cause un coup unique», déclare Clausewitz.

Le général de marketing qui recourt à une tactique brillante pour gagner la guerre condamne rapidement l'arme qui ne fonctionne pas. Dans les batailles d'aujourd'hui, cette arme est habituellement la publicité.

La stratégie oriente la tactique

Le général qui ne prend pas soin d'étudier la situation tactique lors de l'élaboration de la stratégie procède souvent à des remaniements et devient trop réceptif à la tactique une fois la bataille déclenchée.

Si la stratégie est solidement conçue du point de vue tactique, elle doit pouvoir l'orienter dès les premières heures de la bataille.

Un bon général peut ne pas tenir compte des difficultés tactiques afin d'accélérer la réalisation des objectifs stratégiques. De temps en temps, il peut s'avérer nécessaire d'employer des moyens considérables afin de s'emparer de points clefs qui retardent le développement de la stratégie globale. Vous pouvez par exemple être obligé de diriger une affaire à perte pendant un court laps de temps afin de réaliser vos objectifs tactiques qui permettront la réussite d'une stratégie générale.

Le contraire peut également être vrai. Il peut vous arriver d'être obligé de laisser péricliter une affaire ou d'abandonner des recettes rentables qui ne cadreraient pas avec votre stratégie. Cela peut engendrer des problèmes lorsque l'on a affaire à un personnel tourné vers la vente et le rendement, quelles que soient du reste les conséquences de cette politique.

Clausewitz considère qu'il faut écarter d'emblée l'idée selon laquelle le fait de prendre possession d'un certain point géographique ou d'occuper une province non protégée peut avoir une quelconque signification, sauf si cela contribue à l'opération globale. «De même qu'un commerçant ne peut mettre de côté et en sécurité le bénéfice d'une seule affaire, en guerre un seul avantage ne peut être isolé du résultat global», déclare Clausewitz.

Les entreprises commerciales du 20e siècle telles que Coca-Cola oublient parfois un principe que celles du 19e siècle semblent avoir compris. Elles peuvent lancer un produit facile à vendre tel que Diet Coke, et s'étonner ensuite que leur affaire Tab périclite. Quitte à nous répéter : «un seul avantage ne peut être isolé du résultat global».

L'absence de directives stratégiques dans la tactique d'une entreprise est due, dans la majorité des cas, à sa gestion de type décentralisée. La gestion décentralisée peut, à l'instar de l'extension de ligne de produits, donner des résultats à court terme. Mais, la société devra endurer des difficultés à long terme. Pour illustrer cela par un exemple concret, citons le cas d'ITT qui paie actuellement le prix de sa politique de gestion décentralisée qu'elle mena pendant des années.

La plupart des entreprises décentralisées fondent leur stratégie sur l'argument selon lequel les décisions doivent être prises sur place. Et il est vrai que la mise au point d'une bonne stratégie dépend en grande partie de l'étude de la situation tactique sur place. Mais cela ne suffit pas, car encore faut-il relier tous les éléments afin d'en faire une stratégie organisée et cohérente.

Le point d'attaque unique

Les plans stratégiques d'une société doivent à tout moment être axés sur un objectif.

Les ressources de la société doivent être affectées en priorité à cet objectif. On pourrait appeler ce concept le «point d'attaque unique».

La gestion décentralisée et l'absence de stratégie unifiée de l'entreprise, communes à de nombreuses sociétés américaines actuelles, se traduisent par une multiplicité des points d'attaque. Certaines de ces actions sont couronnées de succès, d'autres échouent, mais aucune n'est organisée dans le but de gérer des affaires à longue échéance.

Prenons la direction choisie par la société Exxon dans le domaine des produits et systèmes de bureautique, et qui se solda par un échec. Qwip, Qwyx, Zilog, Vydec, Daystar, Dialog et Delphi : ce sont quelques-uns des noms utilisés par Exxon pour son attaque contre le marché de la bureautique. Mais quelle fut sa stratégie ? Le pétrole et l'eau ont plus d'affinités que le pétrole et les machines de bureautique...

Comparons l'affaire Exxon au lancement du PC par IBM. En lançant le PC, IBM visait un objectif stratégique important : la protection de son secteur des gros ordinateurs contre une attaque de flanc par la base. Aussi IBM investit-elle beaucoup d'efforts et de moyens pour le PC. (Selon la même philosophie qui aboutit à la création de la gamme des gros ordinateurs IBM 360/370 quelques dizaines d'années plus tôt.)

Dans les sociétés, il arrive souvent qu'après avoir reçu de l'argent et des équipements, des services soient livrés à eux-mêmes sans aucune directive, ou presque. «Tenez, prenez ces capitaux et faites-les fructifier.» C'est le type de directives données par des chefs d'entreprise partisans d'une politique basée sur des lignes d'attaque multiples.

Au moment d'amorcer leurs activités commerciales, ces services tendent à limiter leurs attaques à des «marchés cibles». Les raisons pour lesquelles ils sont faciles à conquérir sont parfois évidentes. Il peut s'agir par exemple d'un produit n'ayant aucun avenir à long terme.

Prenons l'exemple des machines à traitement de texte. Au fur et à mesure que la société IBM orienta de plus en plus sa politique vers le secteur des ordinateurs de bureau multi-tâches, elle laissa le marché des machines à traitement de texte relativement ouvert. Aussi Lanier, CPT, NBI et d'autres sociétés saisirent l'occasion pour s'emparer de ce marché cible. Qui peut dire où elles se situeront demain ?

La société Warner Communications avait-elle une stratégie à long terme en rachetant Atari ? Ou bien était-ce par jeu ?

La société General Mills suivait-elle un plan stratégique au moment où elle subit d'énormes pertes dans l'affaire Izod ?

Et quels étaient les objectifs de la société Mobil dans l'affaire Montgomery Ward ?

Autrefois, pour justifier ce type d'opérations, les sociétés se prévalaient du fait qu'elles avaient décidé d'adopter une politique de diversification, véritable défi au principe militaire de base : celui de la concentration des forces. Dans son affrontement contre AT&T, l'une des plus grandes entreprises du monde, pourquoi MCI a-t-elle ouvert un deuxième front en créant MCI Mail ? Du point de vue militaire, c'est une initiative totalement insensée. A mesure que les pertes de MCI Mail s'alourdissent, cette opération semble également aberrante sur le plan du marketing.

Quel objectif les cadres de General Motors poursuivaient-ils en se rendant à Dallas où ils remirent 2,5 milliards de dollars à Ross Perot pour Electronic Data Systems ? Aucun but stratégique, vous pouvez en être assuré.

Ces mesures ont des conséquences négatives lorsqu'elles sont le fruit du hasard. («Ils nous ont fait une proposition que nous ne pouvions refuser».) Mais elles peuvent donner des résultats encore pires lorsque les entreprises se détournent de leur axe stratégique de diversification.

Prenons l'exemple de Sony. Selon le magazine *Fortune,* cette société aurait élaboré une stratégie de répartition égale des pourcentages de sa fabrication. D'ici 1990, elle souhaite devenir une société tournée à 50 pour cent (au lieu des 80 pour cent actuels) vers la fabrication de produits de consommation courante, et à 50 pour cent (au lieu des 20 pour cent actuels) vers celle de produits spécialisés. Pensez-vous que cette initiative soit raisonnable ?

Non, car cela revient à déplacer vos ressources de la bataille que vous gagnez vers celle que vous perdez. En outre, Sony a entrepris cette tâche au moment même où elle affronte une crise dans son secteur produits de consommation courante; que faire de la technologie du Betamax qui n'a cessé de perdre du terrain face à la technologie VHS ?

L'attaque et la contre-attaque

Selon une loi de la physique, toute action provoque une réaction d'intensité égale et de sens opposé. Un grand nombre de commandants du marketing élaborent des plans d'attaque en pensant que l'ennemi ne ripostera pas. Rien n'est plus faux.

L'inverse est plus crédible. Réduisez vos prix de moitié, et votre concurrent réagira sans doute de la même façon. Toute action provoque une réaction de la part de votre concurrent, même si elle n'est pas identique à la vôtre.

Il ne faut pas se voiler la face. Toute bonne stratégie de marketing anticipe la contre-attaque du concurrent. Plusieurs principes de guerre du marketing signalent le danger de la contre-attaque. Principe offensif numéro 2 : *Il faut trouver une faiblesse dans la force du leader et l'attaquer à ce point-là.* Pour réaliser une telle opération, les leaders doivent affaiblir leur propre force, ce qui bien entendu les fera hésiter.

Une autre manière d'analyser les possibilités de lancement de puissantes contre-attaques consiste à observer les changements prévus des parts de marché. Certaines sociétés intrépides prévoient de s'emparer de la moitié de la part du leader. Cependant, elles ne tiennent pas compte des coups de griffe qui seront donnés au cours de cette opération. L'animal blessé attaque.

Attendez-vous à la contre-attaque. Vos concurrents dépenseront beaucoup plus d'argent et consentiront plus de sacrifices pour protéger ce qu'ils possèdent déjà que pour une attaque offensive contre votre position.

L'action est dépendante de la stratégie

Lorsqu'une société accomplit ou a l'intention d'accomplir une action, elle ne peut la dissocier de la stratégie qui doit découler de cette action. L'action est stratégie.

Toutefois, bon nombre de spécialistes du marketing pensent qu'ils peuvent séparer ces deux éléments. Apple, par exemple, a annoncé qu'elle allait envahir les 500 premières entreprises figurant au palmarès de *Fortune*. Par conséquent, elle ne peut se contenter de se demander : «Donc, quelle sera notre stratégie ?» Elle consistera à envahir les 500 premières entreprises de *Fortune*. Le succès ou l'échec de cette invasion dépendra surtout de savoir si la tactique sera à la hauteur de la stratégie; autrement dit, de savoir si elle convient ou non à Apple, compte tenu de la force du défenseur IBM.

Certes, Apple peut accroître ses chances de réussite en suivant les principes de la guerre de marketing — en lançant son attaque sur un front étroit par exemple. Mais l'application de ce principe ne lui assurerait qu'une aide limitée. La question stratégique fondamentale est la suivante : une petite entreprise disposant des ressources de la taille d'une «pomme» peut-elle s'attaquer à IBM sur son propre terrain ?

Certaines grandes sociétés progressant sur la voie du succès se fourvoient en considérant à tort que tout est possible dans la mesure où elles ont la volonté de réussir. Il leur arrive souvent de se fixer des objectifs, puis de désigner une équipe de travail chargée de mettre en œuvre la stratégie permettant de les atteindre. Aucune société n'est suffisamment importante pour agir de la sorte. Il existe toujours des objectifs qui ne sont pas à sa portée

L'univers du bon stratège de marketing est bâti sur la tactique et la réalité. Son jugement n'est jamais entravé par sa fierté. Il sait qu'à l'impossible nul n'est tenu. Aussi impose-t-il des limites raisonnables à ses campagnes et à ses lignes d'attaque. Il se concentre sur ce qui peut être accompli en fonction des outils tactiques dont il dispose, et non pas sur des projets grandioses ou des rêves irréalisables.

La stratégie
ne peut être dissociée de la tactique

Si l'action est dépendante de la stratégie, alors la stratégie ne peut être dissociée de la tactique. Toute tentative pour dissocier un élément de cet ensemble homogène peut avoir de graves répercussions sur l'unité de ce dernier. La connaissance de la tactique vous aide à développer la stratégie permettant à l'entreprise de suivre une ligne d'action.

L'action une fois approuvée, c'est au tour de la stratégie de diriger la tactique. Toute séparation rigide entre la tactique et la stratégie entrave le déroulement du processus.

Prenons la publicité, la clef de voûte de la plupart des guerres de marketing. Généralement, les sociétés engagent des agences chargées de développer la tactique d'une campagne publicitaire. Mais, en principe, la société met au point une stratégie de marketing avant que l'agence ne commence son travail. En d'autres termes, c'est la société qui décide quels sont les objectifs à atteindre, et c'est l'agence qui met au point les moyens à mettre en œuvre pour leur accomplissement.

Doit-on indiquer l'imperfection de ce processus tant il paraît simple et logique ? N'est-ce pas superflu ? La barrière artificielle qui sépare la tactique de la stratégie constitue un obstacle, car elle empêche les agences d'exploiter leurs connaissances en matière de tactique, facteur majeur dans la mise au point de la stratégie d'entreprise.

La société Miller Brewing se rend-elle compte des difficultés tactiques que peut représenter la création de deux grandes marques sous un seul nom de marque principale ? Apparemment non. Miller a mis au point la stratégie, puis elle a assigné une mission tactique à ses deux agences de publicité. J. Walter Thompson s'est-il interrogé sur la stratégie visant à créer deux marques de bière portant le même nom de marque principale ? Vous seriez-vous posé des questions au sujet d'une stratégie qui vous permet de gagner 50 millions de dollars par an, et qui rapporte 7,5 millions par an pour l'agence ?

Pour être véritablement efficaces dans les guerres de marketing de demain, les agences de publicité devront faire plus de planification stratégique. D'autre part, les entreprises devront s'intéresser davantage à la tactique publicitaire. Ces deux tendances semblent se manifester aujourd'hui.

Cependant, pour l'heure peu d'agences savent comment transformer leurs connaissances de tactique publicitaire en programme stratégique. D'autre part, peu de sociétés ont des connaissances approfondies en tactique publicitaire.

Certaines agences s'opposeront vigoureusement aux incitations en matière de réflexion stratégique plus poussée, car si l'on découvre la vérité, elles ne veulent pas à avoir à répondre du succès des programmes publicitaires. Mieux vaut en pareil cas rejeter la responsabilité sur le produit ou sur la force de vente.

L'utilisation des réserves

Aucun commandant militaire ne lancerait une attaque sans disposer de réserves appropriées. «La quantité de réserves fraîches, déclare Clausewitz, constitue toujours le point essentiel dont tiennent compte les deux commandants.»

Le chef qui dispose des plus grandes forces en réserve occupe une position dominante. Mais il n'est pas nécessaire, voire même souhaitable, d'engager toutes ses réserves dans chaque bataille.

Aucune société ne dépenserait la totalité de son budget annuel de publicité le 1er janvier. De même qu'aucun général militaire n'alignerait tous ses soldats sur la ligne de front au moment de l'affrontement entre son armée et celle de l'adversaire. L'utilisation et le déploiement des réserves constituent toujours un point fondamental dans une bataille.

Un bon général devra s'efforcer de remporter la victoire sans utiliser la totalité de ses réserves. Dans la quasi-totalité des cas, l'armée vaincue est celle qui a épuisé toutes ses réserves.

Bien entendu, il s'agit en l'occurrence des réserves tactiques, à savoir des forces qui peuvent être immédiatement engagées sur le champ de bataille. A ne pas confondre avec les réserves stratégiques. Les armées ne peuvent dépendre de soldats qui doivent d'abord être incorporés puis entraînés. Clausewitz nous met en garde contre l'erreur que nous commettrions en dépendant de réserves stratégiques, ce qui pour lui est d'une inconséquence évidente. Des réserves qui sont stratégiques ne sont pas des réserves, car elles ne sont pas immédiatement disponibles ni prêtes à se lancer dans la bataille à la discrétion du commandant supérieur.

L'entrepreneur qui démarre deux affaires au lieu d'une seule tombe dans le piège de la réserve stratégique. L'une de ces affaires ne peut servir de réserve pour l'autre, étant donné que leurs investissements respectifs ne peuvent être rapidement liquidés en cas d'urgence. Il est préférable de démarrer une seule affaire en ayant des valeurs disponibles en réserve.

Ce principe est valable également pour les entreprises qui dans un délai trop court mènent de front plusieurs affaires. «Où sont vos réserves ?» Voilà la question fondamentale.

Chapitre 16

Le général de marketing

*Sur un millier d'hommes remarquables
par leurs qualités intellectuelles, leur courage
ou leur volonté, aucun ne réunit probablement
toutes ces qualités nécessaires pour sortir un homme
de la médiocrité et l'élever à la carrière de général.*
Karl von Clausewitz

A quelques exceptions près, les capitaines de l'industrie qui dirigent leurs entreprises sur les champs de bataille mondiaux du marketing sont des êtres effacés; c'est à peine si nous les remarquons. Du reste, ils ne font pas grand-chose pour motiver ou inspirer leurs troupes. (A l'exception de quelques personnalités comme Jack Welch de General Electric, Lee Iacocca de Chrysler et John Reed de la Citibank.)

De nombreux chefs d'entreprise se tiennent à l'écart des projecteurs et se retranchent derrière la double philosophie de la diversification et de la décentralisation.

De nos jours, les milieux d'affaires réclament davantage de maréchaux, d'hommes et de femmes prêts à assumer des responsabilités de planification et de gestion des programmes de marketing. Au moment où ils ont désespérément besoin de grands théoriciens, ils prennent l'orientation contraire. Diversification et décentralisation mettent la stratégie en bas de l'échelle. Une des entreprises inscrites au palmarès des 500 premières sociétés américaines de *Fortune* se targue d'employer la moitié de ses managers pour des tâches de planification stratégique.

La Troisième Armée de Patton était composée de 105 généraux et d'un seul stratège.

Plus le nombre de stratèges d'une société est élevé, moins elle a de chance de se doter d'une brillante stratégie. Or nous devons prendre toutes les mesures nécessaires pour la développer, et non pas pour l'entraver.

L'esprit d'entreprise des hommes d'affaires s'est laissé engourdir par la décentralisation. Les managers ne sont pas des sots. Ils savent pertinemment que s'ils parviennent à franchir la «ligne de démarcation», ils pourront se hisser jusqu'au sommet de la hiérarchie.

Il est facile de déterminer quelle est votre position au sein de votre entreprise. Si on peut vous licencier pour n'avoir pas atteint vos objectifs de marketing, cela signifie que vous n'avez pas encore franchi cette «ligne». En revanche, si vous pouvez licencier quelqu'un qui n'a pas atteint ses objectifs, vous êtes dans la situation inverse.

Avoir franchi la «ligne» signifie que vous n'avez personnellement aucun objectif de marketing à atteindre. En cas de succès, vous êtes naturellement couvert de lauriers, mais en cas d'échec vous pouvez désigner un responsable autre que vous-même. Vous avez la stabilité de l'emploi et vous occupez un bon poste.

La décentralisation a permis de franchir de plus en plus facilement la ligne de démarcation et a entraîné un morcellement des entreprises en petits fiefs. Aucun d'entre eux n'est suffisamment puissant pour pouvoir lancer seul un vaste programme de marketing. Aussi, dans de nombreuses sociétés le marketing a dégénéré en une guerre de positions sans envergure pouvant être qualifiée de guerre de tranchées du monde des affaires.

Nous pensons que le monde des affaires est en train de changer, que les dirigeants des entreprises commencent à consolider leurs unités de manière à ce qu'elles soient suffisamment grandes et puissantes pour pouvoir lancer des programmes de marketing efficaces. Ce faisant, on est confronté à un autre problème. Où trouver les généraux de marketing qui seront chargés de diriger ces vastes opérations ?

Ils ne sont pas légion. Selon Clausewitz, dans la majorité des cas, les personnes intelligentes n'ont pas les qualités nécessaires pour être de

bons généraux. Sur un millier d'hommes, un seul peut-être les possé-
derait toutes.

Quelles sont les qualités que doit avoir un bon général de
marketing ? Peut-on s'inspirer de l'enseignement dispensé par l'Institut
Militaire de Virginie, Annapolis et West Point ?

Le général de marketing
doit faire preuve de souplesse

La souplesse est une qualité primordiale pour un général de
marketing. Quand bien même elle ne serait pas prestigieuse ni reconnue
généralement comme étant une vertu, aucun général militaire n'a jamais
réussi de grandes prouesses sans elle. Un général doit être suffisamment flexible pour pouvoir ajuster la stratégie à la situation et non pas le
contraire.

Or la plupart des aspirants généraux de marketing suivent justement
le processus inverse en utilisant une stratégie qui a déjà fait ses preuves
dans le passé, puis en analysant la situation. Ils adaptent trop souvent la
situation à la stratégie. Ce n'est pas une tâche difficile, car les «faits» ne
sont jamais bien définis.

Clausewitz déclare : «Les nouvelles qui nous parviennent en temps
de guerre sont pour une grande part contradictoires, fausses pour une
plus grande part encore, et passablement douteuses dans la majorité des
cas».

A la guerre, pour foncer dans le brouillard, rien de plus simple que
d'appliquer la stratégie dite de «l'essai concluant». En affirmant : «Nous
savons que cette stratégie marche, donc n'hésitons pas à l'utiliser»,
Jeannot-on-prend-note insinue que toute autre approche serait extrêmement imprudente.

Contrairement à ce que l'on pense, cette attitude ne doit pas être
considérée comme une force. On entend souvent dire : «Il a le courage
de ses convictions». Mais l'entêtement et l'inflexibilité sont des signes
de faiblesse et non pas de force chez un général.

De nos jours, on entend trop de déclarations insensées dans les milieux de marketing. Il suffit qu'un concurrent casse ses prix pour que la
direction déclare : «Ils connaissent la valeur de leur produit».

Lorsqu'un employé propose d'attaquer un concurrent, la direction
lui répond : «Nous faisons confiance à la méthode d'approche positive,
à la vente de nos produits selon leurs mérites, et non pas au dénigrement
des produits de nos concurrents».

Un bon général ne doit pas avoir de parti pris. Il ou elle doit sérieusement tenir compte de toutes les alternatives puis écouter tous les points de vue avant de prendre sa décision.

Cette souplesse d'esprit peut terroriser le camp ennemi et permet de le prendre au dépourvu. Il est terriblement difficile de se défendre contre une attaque imprévue.

Le général de marketing doit être courageux

La question du courage fait l'objet d'une grande controverse. Il est certain qu'un bon général de marketing doit avoir du courage.

Ce qui différencie un bon général des autres généraux c'est son courage illimité qui lui permet de tenir tête aux supérieurs et associés qui prônent une approche différente. Un bon général de marketing doit écouter tous les points de vue, sans oublier qu'à un moment donné il devra trancher. C'est alors qu'il devra trouver en lui-même la volonté et le courage nécessaires pour mener à bien son opération.

Lee Iacoca déclare :

«On peut résumer les qualités d'un bon manager par un seul mot : détermination. Quels que soient les ordinateurs que vous utilisez, aussi sophistiqués soient-ils, et les tableaux et chiffres que vous recueillez, vous êtes finalement obligé de rassembler toutes les informations, d'établir un emploi du temps et de *passer à l'action.*»

Les mauvais généraux sont souvent des machos : «Personne ne me dira ce que j'ai à faire !», s'exclament-ils. Ce qui les attire dans le marketing, ce sont les similarités évidentes avec la guerre. En outre, il leur arrive fréquemment d'employer des termes militaires tels que *troupes* et *percées.*

Les machos sont d'irréductibles défenseurs des décisions et stratégies qu'ils ont adoptées dans le passé et auxquelles ils vouent un attachement sentimental. Ils sont foncièrement attirés par les causes perdues et estiment que mourir pour leur entreprise est l'acte de courage suprême.

Le macho peut néanmoins être un bon dirigeant. Les meneurs d'hommes ne sont pas nécessairement de bons généraux ou stratèges. Un individu anodin et prétentieux pourrait très bien être l'homme idéal pour une entreprise ayant besoin d'un chef plutôt que d'un stratège, et qui serait menacée par une grave crise de confiance. En effet, seul un dirigeant inspiré par la réalité quotidienne de son entreprise a la

possibilité d'élaborer une politique réaliste. Tout plan stratégique éma-
nant de l'extérieur est voué à l'échec.

Si vous êtes bon comédien, vous pouvez devenir un bon dirigeant
ainsi qu'un bon stratège. Patton avait l'habitude de s'exercer à faire des
mimiques martiales en se regardant dans la glace. Et Lee Iacocca revi-
gorait ses troupes en employant ces propos immortels : «Notre seule et
unique ambition est d'être les meilleurs. Et rien d'autre».

Il faut préciser qu'entre-temps la stratégie qu'il appliqua à l'usine
était totalement différente.

De nombreux consultants surestiment le rôle joué par le moral et
considèrent que la réussite dans le domaine du marketing en dépend
entièrement. C'est faux ! C'est justement l'inverse. Rien de tel qu'une
victoire de marketing pour rehausser le moral des troupes.

Le général de marketing doit être intrépide

De tout temps, les militaires ont glorifié le courage physique et la
bravoure en distribuant des millions de médailles.

Quelle que soit l'importance du courage physique pour une force de
combat, cette qualité ne doit pas être considérée comme fondamentale
pour un commandant. Un général n'est pas un soldat. Trop de généraux
se sont laissés prendre à ce petit jeu et ont dû payer le prix de leur im-
prudence par une défaite ou par des pertes excessives.

Au lieu d'être animés par le courage physique, les généraux de marketing doivent être intrépides et ne doivent pas hésiter, le moment venu,
à frapper rapidement et de manière décisive.

Cependant, il arrive fréquemment que leur intrépidité s'affaiblisse
au fur et à mesure qu'ils gravissent les échelons de la réussite.

«L'intrépidité devient plus rare à mesure que l'on prend du galon»,
déclare Clausewitz; ou que l'on approche de la retraite; ou à mesure que
le nombre d'actions de notre portefeuille de valeurs boursières s'agran-
dit.

L'intrépidité a un rôle capital à jouer lorsque l'on a le vent en poupe,
car c'est alors que le commandant peut donner le maximum de lui-même
et en faire bénéficier son opération de marketing.

Bon nombre de généraux de marketing font preuve d'une certaine
faiblesse de caractère en manifestant un courage excessif lorsqu'ils
avancent contre vents et marées, et prenant des précautions intempes-
tives lorsqu'ils sont favorisés par les circonstances.

Le général de marketing doit connaître les faits

Les généraux élaborent leurs plans stratégiques en avançant des généralités et en estimant que les détails ne sont pas indispensables. En fait, les principaux dirigeants d'entreprises font fi des conseils prodigués par les spécialistes, en considérant qu'une personne ayant trop de connaissances dans un domaine n'est pas celle à qui l'on peut faire confiance pour avoir une appréciation générale.

La stratégie du marketing n'est pas une discipline bien compliquée. Elle est à la portée de tout le monde. Quel est l'éditeur de magazines économiques qui n'éprouve pas le besoin d'informer les dirigeants des sociétés américaines sur le meilleur moyen de gérer leurs entreprises ?

Tout cela est bien loin de la vérité. A chaque problème de marketing correspond une solution simple et évidente qui est généralement fausse. Lorsque la société Coca-Cola annonça qu'elle allait changer sa formule, le président de Coke se vanta en déclarant : «Notre décision est plus infaillible que jamais». C'était faux aussi.

«Dans la guerre tout est simple, déclare Clausewitz, mais la chose la plus simple est difficile.»

Un bon général de marketing bâtit sa stratégie en progressant à l'aide des éléments de base et de détails. Une fois développée, elle sera simple. Toutefois, elle n'apportera pas nécessairement la solution évidente.

Le général de marketing doit avoir de la chance

La chance joue un rôle important dans l'issue de la bataille de marketing. Votre plan est prêt. Le combat a commencé. Les dés sont jetés. Bien sûr, si vous avez fait correctement votre travail, vous avez mis toutes les chances de votre côté.

«Aucune autre activité humaine, déclare Clausewitz, n'est si continuellement ou si universellement liée au hasard. Il existe une ressemblance très étroite entre la guerre et un jeu de cartes.»

La chance ne vous sourit plus ? Soyez prêts à limiter rapidement les dégâts. «La capitulation n'est pas une disgrâce, déclare Clausewitz. Un général ne doit pas nourrir l'idée de combattre jusqu'au dernier homme; pas plus qu'un bon joueur d'échecs ne jouerait une partie qu'il aurait manifestement perdue.»

Tout comme Eisenhower s'est avoué vaincu à la fin de la guerre de Corée, un bon général de marketing doit savoir à quel moment il faut abandonner la partie. Inutile de gaspiller des ressources pour ne pas perdre la face. Mieux vaut admettre sa défaite et engager une autre guerre de marketing.

Bien d'autres batailles et victoires vous attendent.

Le général de marketing doit connaître les règles du jeu

Quel que soit le jeu auquel vous voulez participer, il faut d'abord en connaître les règles pour savoir bien le jouer. Puis, il faut les oublier. C'est-à-dire qu'il faut apprendre à jouer sans penser aux règles.

Cela s'applique aussi bien au jeu d'échecs qu'au golf ou à la guerre de marketing. Il ne sert à rien de prendre des raccourcis. Il faut commencer par étudier les règles, puis acquérir suffisamment de pratique pour pouvoir les oublier.

Pendant le match, un bon joueur de tennis ne pense pas à la manière dont il faut tenir sa raquette ni à la meilleure façon de renvoyer la balle à son adversaire; il se concentre sur le moyen approprié pour le battre.

Tout aspirant général de marketing doit d'abord apprendre les principes de la guerre de marketing, puis les oublier pendant le jeu. Un bon général de marketing ne doit pas se poser consciemment les questions : «Quelle guerre sommes-nous en train de mener ? Et quels principes devrions-nous appliquer ?»

Les bons généraux doivent bien connaître les règles, de telle sorte qu'ils puissent les oublier et se concentrer sur leurs adversaires. Tout comme les bonnes habitudes, les règles sont faites pour être étudiées puis oubliées.

Le problème du marketing contemporain n'est pas seulement l'absence de règles. C'est surtout ne pas prendre conscience qu'on doit en premier lieu avoir des règles.

Afin de résoudre ce problème, les gens de marketing doivent commencer par une étude systématique de l'histoire de leur discipline, puis formuler les principes stratégiques qui président aux résultats des batailles entre firmes. Rien, de nos jours, n'est aussi important que la stratégie.

La stratégie et le minutage sont les sommets de l'Himalaya du marketing; tout le reste ne dépasse pas la chaîne montagneuse de Catskills*.

---

* N.d.T. : région verdoyante et de villégiature située au nord de New York.

Index